新しい
教育の原理

現代教育学への招待

田代直人・佐々木司 編著

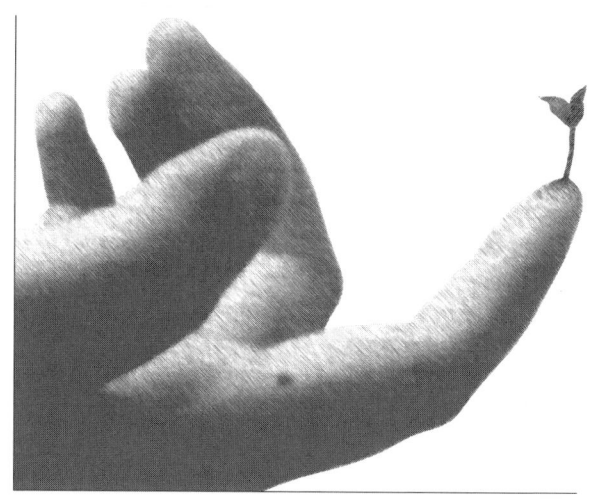

ミネルヴァ書房

はしがき

　先般，主に大学での講義用テキストとして，ミネルヴァ書房から『教育の原理―教育学入門―』を出版した。ところが，その後，教育基本法や学校教育法が大きく改正された。また，同テキストを使って講義を行ったところ，幾つかの問題点や課題も明らかになった。このような事情を踏まえ，このたび，同テキストをベースにしつつも，改めて編集・執筆し直し，『新しい教育の原理―現代教育学への招待―』を刊行することとした。

　主な読者として本書が想定しているのは，教職志望者や教育に関心がある方々のうち，初めて教育について学ぶ人たちである。教育を学ぶことの楽しさを，新しい人たちにぜひ味わってほしい。その思いから，副題を「現代教育学への招待」とした。

　本書では，新たにプロローグとエピローグを加え，テキストとしての改善を図った。各章の構成は，前書から一部変更し，第1章「教育推進の基本的方向」，第2章「人間の発達と教育」，第3章「教育方法の基礎」，第4章「教育課程の編成」，第5章「進路指導と生徒指導の基本的とらえ方」，第6章「特別活動のねらいと指導計画」，第7章「教師の職務と責任」，第8章「学校経営の改革と課題」，第9章「教育行政のしくみと改革動向」，第10章「学校という制度」，第11章「社会教育のしくみと課題」，第12章「新しい教育課題」とした。各章では第1章を踏まえ，生涯学習の観点から基本的な考え方や重要事項を中心に執筆し，その内容の充実に努めた。

　本書は単に分担執筆の寄せ集めではない。各執筆者が集い，研究会を開いた上で，講義用テキストとして研究・開発されたものである。研究会では，上記のように基礎的・基本的内容を基軸とすること，大学生に理解されるため，わかりやすく，しかも的確な文章表現となるように心がけることを確認した。さらに読者が発展的に学習・研究できるよう，各章末尾に学習課題を3点ほど提

示した。招待された教育学という空間を，今度は自らの足で歩んでみてほしいという思いからである。

　ところで，講義におけるテキストの活用は学習効果を高めるうえで有効である。学習者は，教師によって説明されたり，板書されたものを筆記することにエネルギーを集中させることなく，自ら思考し，理解を深めることができる。さらに講義に先立って予習をする際や講義後の復習においても，テキストは便利な存在である。本書を通して学生の皆さんの教育（学）についての関心や理解が一層深まれば幸いである。

　本書は，上記のように主に大学の講義用テキストとして編集されたものであるが，幼稚園・小学校・中学校・高等学校の先生方，あるいは社会教育の関係者の皆さんにとっても，日々の教育活動において，幾分なりとも参考になればと願っている。

　本書の出版にあたり，ミネルヴァ書房編集部の浅井久仁人氏に大変お世話になった。ここに記して感謝の意を表したい。

2010年1月

編著者　田代直人
　　　　佐々木司

新しい教育の原理：現代教育学への招待　目　次

はしがき

プロローグ …………………………………………………………………… *1*

第1章　教育推進の基本的方向 ……………………………………………… *9*
　1　生涯学習（教育）の提唱と日本における発展 …………………… *9*
　2　生涯学習のキー（鍵）概念 ………………………………………… *11*
　3　生涯学習のねらいと概念規定 ……………………………………… *14*
　4　自己実現能力の育成 ………………………………………………… *16*
　5　体験学習の推進と留意点 …………………………………………… *18*

第2章　人間の発達と教育 …………………………………………………… *22*
　1　人間の発達と環境の関係 …………………………………………… *22*
　2　人間の成長と発達段階 ……………………………………………… *26*
　3　家庭の教育機能の充実に向けて …………………………………… *30*

第3章　教育方法の基礎 ……………………………………………………… *34*
　1　教育の方法原理 ……………………………………………………… *34*
　2　授業の計画と準備 …………………………………………………… *39*
　3　学習の形態 …………………………………………………………… *43*
　4　その他の教育手法 …………………………………………………… *46*

第4章　教育課程の編成 ……………………………………………………… *49*
　1　わが国の教育課程編成の基本的視点 ……………………………… *49*
　2　教育課程編成の基準としての学習指導要領 ……………………… *53*
　3　学校における教育課程編成の過程 ………………………………… *57*

第5章　進路指導と生徒指導の基本的とらえ方……………………62
　　1　進路指導の基本的とらえ方………………………………62
　　2　生徒指導の基本的とらえ方………………………………66
　　3　進路指導・生徒指導の推進体制…………………………72

第6章　特別活動のねらいと指導計画…………………………………76
　　1　特別活動の目標……………………………………………76
　　2　特別活動の内容とその基本的性格………………………77
　　3　特別活動の指導計画………………………………………83
　　4　特別活動の評価……………………………………………87

第7章　教師の職務と責任………………………………………………89
　　1　教師という職業……………………………………………89
　　2　教師の養成…………………………………………………94
　　3　教師の成長と研修の意義…………………………………96
　　4　最近の教師教育における改革動向………………………97
　　5　教師の生きがい・喜び——現職教師からのメッセージ………98

第8章　学校経営の改革と課題………………………………………102
　　1　学校経営とは何か………………………………………102
　　2　学校経営の組織…………………………………………103
　　3　学校経営と学校評価……………………………………106
　　4　学校の自主性・自律性の確立と開かれた学校づくり………108
　　5　学校経営の課題…………………………………………110

第9章　教育行政のしくみと改革動向………………………………115
　　1　地方の教育行政…………………………………………115
　　2　国の教育行政……………………………………………121
　　3　教育行政の改革動向……………………………………124

目　次

第10章　学校という制度 …………………………………………… 128
1. 「学校」の意味と成り立ち ………………………………… 128
2. 日本の学校 ………………………………………………… 131
3. 近代の学校の意味 ………………………………………… 135
4. 学校という制度のとらえ方 ……………………………… 137

第11章　社会教育のしくみと課題 ……………………………… 142
1. 生涯学習と社会教育 ……………………………………… 142
2. 生涯各期の社会教育 ……………………………………… 146
3. 社会教育のしくみ ………………………………………… 148
4. 協力する学校と社会の新しい姿 ………………………… 151

第12章　新しい教育課題 ………………………………………… 155
1. 選択と学校 ………………………………………………… 155
2. "ボーダーレス化"する学校 ……………………………… 159
3. 電子黒板と学校のデジタル化 …………………………… 162

エピローグ ………………………………………………………… 167

索　引

プロローグ

「教育を学ぶ」ということ

　本書を手にしているみなさんは，これまで長いこと教育を受けてきたであろうし，また多くの人は今もなお大学等に在籍して教育を受け続けていることだろう。きっと「教育は受けるもの」という考えにはさほど抵抗感はないと思う。しかし，本書で行おうとしている「教育を学ぶ」ということについてはどうだろう。「教育を学ぶ？　一体どういうこと？　イメージできないんだけど…」と感じてはいないだろうか。そう疑問に思ったあなた。あなたは正しい。

　大学には高校までにはなかった授業科目がたくさんある。本書が使用されることを想定しているのは「教育原理」や「教育学」といった授業だが，それらは中学や高校にはない。数学教育や英語教育ならイメージできるが，教育について学ぶとはどういうことかわからないという学生はたくさんいる。そうだろう。筆者も学生の頃はそう思っていた。

　身近ではあるもののイメージしにくい授業というのは，「教育」に限ったことではない。同じような例を見つけるのは簡単である。例えば大学にはスポーツについて学ぶ「スポーツ学」のような授業がある。「スポーツ学」という授業は高校まではなかったはずだ。スポーツとは，野球とかサッカーとかランニングのように「自分が行うもの」，そう考えてきた人たちからすれば，スポーツを学問の対象として学ぶのは妙な感じがするかもしれない。しかし，「スポーツ学」は授業としても，学問としても成立している。

　学問の範囲は非常に幅広い。世の中のかなりのものはすでに研究対象になっており，研究の成果も蓄積されている。「教育」や「スポーツ」のように私たちにとって身近なものも学問の対象，つまり学んだり，問うたりする対象になるし，逆に世の中の多くの人が知らない事柄も学問の対象になる。また学問領域には非常に細かなもの，マニアックなものもある。まだ十分に市民権を得て

いないものもある。しかし，いずれにせよ，人間が興味関心を抱くものはみな学問の対象になり得る。そう考えればよいだろう。

　あらゆるものが学問の対象になるとして，では高校までの学校でそれらをすべて教えているかといえば，もちろんそんなことはない。そもそも学問領域それ自体が多岐に渡り深くもあるから物理的にみてすべてを教えることは不可能である。しかしそれよりも何よりも，学校で教えられるには，それが教えるだけの価値があると認められたものでなければならない。このことは大学においても当てはまりはするが，特に高校まででは強く問われる。教えるための価値基準をクリアした内容だけが教えられているわけである。

　高校までは非常に広い学問世界のほんの「入り口」の授業が行われているに過ぎない。学問世界を地球上のすべての「海」だとすれば，高校までの学習は「瀬戸内海」程度でしかない。しかし，その入り口はとても重要である。様々な学問分野に通じる基礎的・基本的なものを入り口でしっかり身につけておくことで，いわば基礎体力がつき，その先にある無限の知的な空間へと踏み出せるのである。みなさんは今その入り口から外海へと出たばかりである。

　本書では12の章に分けて教育について学んでいく。その前に，この「プロローグ」では，どういう姿勢で教育を学べばよいか，この点について述べておくことにしよう。というのも，さきほどの言葉を使って比喩的に述べるなら，入り口を通って大海に出たとしても，そこでの泳ぎ方を知らなければせっかくの大海を楽しむことなどできないし，逆につまらなく感じたり，場合によっては溺れること（途中で授業に出なくなったり，単位を取りこぼすこと）さえあるからである。

　取り組む姿勢を意識して授業に臨むのと，その意識を欠いた状態でただ漫然と席についているのとでは，結果は天と地ほど違ってくる。姿勢を意識して授業を受けることができるかどうかは，「知的訓練の場」としての大学そのものを楽しめるか否かを決定づける大切なポイントである。以下，具体的な内容をお話していくことにしよう。

プロローグ

大学と高校までとの違い

　まず，大学を高校までと比べてみることから始めてみよう。「比較する」ということは，対象を相対化し，それぞれの特徴を知り，そしてその意味を考える上で非常に有効な手段である。大学生になったら，建設的な比較を意識的かつ主体的に行うとよい。

　違いはたくさんある。先に述べた授業科目の違いもそのひとつだが，自由にその他の違いをピックアップしてみてほしい。例えば，一般に大学では選択科目の幅が拡がり自分で時間割を組むというスタイルになる。また授業ごとに教室を移動し，授業を受ける集団もその都度異なる。朝の会や朝礼も通常はなくなるし，掃除も行わなくなる。建物内で上履きに履き替えることもしなくなる。他にもあるが，あまり書くとよくないのでこの程度にしておく。また，ここではそれぞれの理由について述べることはしないが，本書で授業が展開されるなかで，あるいは本書を読み進めながら，ぜひ考えてみてほしい。授業担当の先生とその理由を話し合ってみるのもよいだろう。

　たくさんある違いのひとつに次のことがある。一般に高校までの授業は，かなりの程度「標準化」されている。標準化されているというのは，およそ同じ時期に同じような内容を学ぶしくみがとられている，という意味である。例えば中学2年のこの時期には英語で現在完了形を学ぶとか，高校1年生のこの時期には数学で因数分解を学ぶといったことである。言い換えれば，共時的，限定的，定型的なのである。教科書も，参考書や問題集の類も，あるいは通信添削が扱っている内容も基本的には同じ性格を帯びている。

　ところが大学の授業はそうではない。高校までと比べれば圧倒的に「標準化」の度合いは低い。授業科目名が同じであっても担当教員間で授業内容が異なることもある。教員が授業内容をかなり自由に決める権限をもっているからである。

　内容ばかりではない。授業形式が多様なのも大学の特徴である。大人数を対象にした講義形式もあれば，少数で行う演習形式のものもある。1時間の授業内で様々な知識を提供するものもあれば，知識というよりも見方や考え方を重

視するタイプのものもある。テキストが使用されるものもあれば，使用されないものもある。板書がなされる授業もあれば，まったくなされないものもある。

　本書は大学等における授業でテキストとして使用されることを想定して作成されている。内容についてはある程度の標準化が望ましいとの立場に立って取捨選択を行っている。しかし，それでも本書を使って展開される実際の授業は，かなり多様なものになるはずである。もちろん，本書によって展開される授業のうち，受講者であるみなさんが受けるのは通常はひとつだけである。だが，大学の授業それ自体が多様であることは十分に意識しておくほうがよいし，本書による授業についても，多様であり得るもののひとつとして受講者自身が十分な「備え」をもって臨むべきである。そうしなければ授業から得られるものはかなり小さくなってしまう。

　大学には塾も参考書もない。繰り返すが，大学の授業は標準化されていない。後から補うことはかなり困難になる。「備えあれば憂いなし」といわれるように，十分な備えがあれば安心できるし，不意のことがあっても対応できる。みなさんは心の安定を保てるような環境を意識的に整えておく必要があるわけだ。

どう備えるか

　さて，「標準化されていないものへの備え」をどうするかであるが，まず「シラバス」にしっかりと目を通し，授業内容を想像してみてほしい。あらかじめシラバスによって授業の目標や内容を提示することは，今はどこの大学でもごく普通に行われている。その授業が何をめざし，そこでおよそ何が話されるのかといったことを事前に知っておく，想像しておくことは，容易に行えるとても大事な備えである。

　シラバスという言葉が日本の大学で定着したのは，この20年足らずのことである。かつてはシラバスなどなかったから，いったい15回ほどの授業でどのような内容がどう展開されるのかは，学生には（もしかしたら教員にも？）ほとんどわからなかった。成績評価は試験なのかレポートなのかについても，試験期間前になって学生が教員に尋ねてようやくわかるということが珍しくなかっ

た。あらかじめ知らせることが行われていなかったのである。もっとも，向学心旺盛な学生のなかには指定テキストをすぐさま通読し，さらに参考文献を求めて読む。あるいは教員のところに行って意見を交換するという積極性をみせていた者もいた。今は「オフィスアワー」といって，学生からの質問や相談のために教員が空けておく時間が制度として整っている。そのような時間を利用して教員を訪問するのもよいことである。

　話をシラバスによる備えに戻そう。シラバスを見ながら，授業内容を想像してみてほしい（想像力をかき立てることも意味のあることである）。シラバスにはおよそのことが書いてある。この「およそ」ということに実は大きな意味がある。シラバスはあまりに詳しすぎると読む気も失せるし，あらかじめきっちりと決まっているその通りに授業が展開されると堅苦しさを伴う。逆にアバウトすぎると場当たり的なものになるし，学生の「備え」にも役立たない。そのあいだの程よい加減のところがよいのである。

　シラバスは学生向けに書くという形式をとっているが，実は教員は自分のためにも書いている。教員もそれを作成することで，自分自身の「備え」を行っているのである。もっと詳しい指導案を作成して授業に臨む者ももちろんいる。ほどよい加減のところで授業を構想し，そして授業もそのストーリーに基づいて展開していくことをねらうのである。筋書きがありつつ，アドリブもあり，ライブ感ただよう授業。一般にそのような授業はよい授業となる。ただ先ほども書いたように大学の授業は多様なので（つまり教員も多様なので），幅があることは承知しておく必要がある。

　さて，学生からみて次なる「備え」は，テキスト（つまり本書）の該当箇所をあらかじめ読んでおくという作業になる。「予習」といわれると，面倒だとか，やりたくないとか，おもしろくないと思う人もいるかもしれないが，ぜひやってほしい。小学校や中学校で予習をして臨んだ授業を思い出してみよう。学校での授業はまるで「復習」のようになり，満足度も高かったのではないだろうか。予習をすることで参加度は飛躍的に増す。英語に"Appearance is not attendance"という言葉がある。ただ授業に来ているというのは「出現」

でしかない。積極的な姿勢で参加することこそが「アテンダンス」なのである。コンサートにしてもサッカー観戦にしてもデートにしても，楽しもうと思えばある程度の「予習」はいる。

　本書が用いられる授業の「予習」で大事なのは，「考えながら，メモを残しながら読む」ということである。本書は白地の背景に黒色の文字が印刷してあるだけである。しかし，「ここの部分は何のことか意味がわからないから授業で注意して聞こう」とか，「この話は当然のこととして納得できる」とか，「これは，直接は関係ないかもしれないが，別の分野のあることと似た現象のような気がする」といったことを考え，それをメモしながら読むと（たとえ蛍光ペンなどで色をつけなくても）テキストの文字がまるで着色され，色で区分されているかのように見えてくる（思えてくる）はずである。

　実はこの「区分する」ということがまた大切である。人はみな自分の興味ある事柄については詳しく細かいことまで知っているし，区分するという行為を自然と行っている。「予習」においても，「考えながら，メモを残しながら読む」ことは，結局，テキストの内容を「区分する」ことにつながるのである。

ノートの取り方

　本書が用いられる授業の形式や進め方は，それぞれの授業で異なるだろうが，いずれの場合も積極的参加が必要となる。講義形式の場合は，椅子に座って話を聞く時間が長くなるが，その場合でも自分自身を主体的な存在にしておかなければいけない。「アクティブに聴く」という姿勢である。そのための具体的な方法がノートを取るという作業になる。

　ノートを取るなど当たり前のことだし，何を今さらと思うかもしれないが，教師が板書をしたらノートを取る，そうでなければ取らないという学生は結構多い。しかし，この姿勢は根本的に間違っている。小学校であれば，授業中は板書したものをできるだけ消さず，授業終了時に板書を見れば概要や要点がわかるようにしておくという配慮がなされる。しかし大学では，一般にそのようなことに重きは置かれない。

プロローグ

　大学では口頭での説明，資料配布，パソコンによるスクリーン投影など，様々な手段によって重要な事柄（知識，見方・考え方など）が伝えられる。そのひとつが板書ではあるが，あくまでひとつの手段といった程度である。したがってみなさんは，板書されようがされまいが，ノートを取らなければいけない。しかもノートは後から見直すことを考えて取っておく必要がある。

　ノートを取ること（ノート・テーキング）においては，話された言葉を速記のように一言一句記録する必要などもちろんない。大切なのは，何が大事なポイントか，何がそれほどでもないか，何が自分にとって不明な点として残ったのか，自分自身は何を考えたのか，といった点を，その日のうちに区分できる状態にしておくことである。必ずその日のうちにノートを見直し，区分すべきである。そうしないと，ノートから受ける鮮やかな授業場面の印象はすぐに薄らいでいく。ノートは授業中に取ったら終わりではなく，取った後が勝負なのである。

　ここでは詳しく書かないが，ノートの取り方には「コーネル大学方式」など様々なものがある。是非自分のこれまでのノートの取り方を他の取り方と比較検討し，よい点は取り入れるなど工夫してみてほしい。定評のあるノートの取り方は，いずれも後から見直して区分しやすいよう工夫されている。ノートそのものや筆記用具といった文房具にこだわるのもよいだろう。自分にとって使い勝手のよい文房具を見つけ出し，こだわってそれを使うことには，比較する，区分する，備える，主体的であるという大切な行為，姿勢がすべて含まれている。

　最後に，本書を手にしたすべての方にお願いしたい。授業はみんなで作るものである。教師だけでも学生だけでもよい授業はできない。ぜひ周囲に良い影響を与えるようなポジティブな（積極的な）姿勢で臨んでほしい。本書がテキストとして用いられる授業において，学生も教師もネガティブな（否定的な）姿勢を見せることのないようにお願いしたい。授業は学問の世界において知的な楽しみを共有する大切な機会であり，真剣勝負の場である。そのことをぜひ心に留めておいてほしい。

（佐々木　司）

第1章
教育推進の基本的方向

　教育の推進を基本的にどのような方向で考えたらよいのか。この点がきわめて重要である。本章では，教育基本法第3条（生涯学習の理念）の規定をも踏まえ，「生涯学習」の観点から，教育全般の推進を方向づけたいと思う。そこで，この章においては生涯学習（教育）提唱と発展，生涯学習のキー（鍵）概念，生涯学習のねらいや概念規定など，生涯学習に関する基本的事項について説明する。加えて，生涯学習の推進にあたって，特に重要と考えられる体験学習に関して考察したい。

　大学生をはじめとする読者のみなさんには，「教育とは何か」，その推進の基本的方向をどのようにとらえたらよいかについて，生涯学習の観点から考えていただきたいと思う。

1　生涯学習（教育）の提唱と日本における発展

（1）生涯学習（教育）の提唱と日本への紹介

　最初に，生涯学習（教育）＊はいつ，どこで，だれによって提唱されたか，からみていこう。この点について，生涯学習（教育）は1965年パリのユネスコ本部で開催された成人教育推進国際委員会会議において，ラングラン（P. Lengrand）を中心に提唱された，ということができよう。「1965年」「ユネスコ」「ラングラン」をしっかり頭に入れておいてほしいと思う。

　この生涯学習（教育）の考え方を日本に紹介されたのが，上記のユネスコの会議に出席していた波多野完治氏であった。＊＊　波多野氏らの努力もあって，日本では教育改革の基本的方向として，生涯学習の推進が強調されていった。

　　＊本章では，基本的に「生涯学習」と表記するが，ラングランは「生涯教育」として提唱しているので，この部分に限り「生涯学習（教育）」とした。なお，国の

答申において「生涯教育」と表記しているものについては，そのまま用いることとした。
＊＊波多野完治氏はラングランの読み上げたワーキング・ペーパーを翻訳されるとともに，ラングランの著書『生涯教育入門』（1970年）も邦訳された（全日本社会教育連合会から1971年に発行されている）。

（2）日本における生涯学習の推進

次に，国の審議会による生涯学習に関する答申を紹介することによって，日本における生涯学習推進の動向の一端をうかがってみよう。

① 社会教育審議会答申『急激な社会構造の変化に対処する社会教育のあり方について』（1971年）
② 中央教育審議会答申『今後における学校教育の総合的な拡充整備のための基本的施策について』（1971年）
③ 中央教育審議会答申『生涯教育について』（1981年）
④ 臨時教育審議会答申『教育改革に関する答申』（第1次～第4次，1985年～1987年）
⑤ 中央教育審議会答申『生涯学習の基盤整備について』（1990年）
⑥ 生涯学習審議会答申『今後の社会の動向に対応した生涯学習の振興方策について』（1992年）
⑦ 生涯学習審議会答申『地域における生涯学習機会の充実方策について』（1996年）
⑧ 生涯学習審議会答申『生活体験・自然体験が日本の子どもの心をはぐくむ』（1999年）
⑨ 生涯学習審議会答申『新しい情報通信技術を活用した生涯学習の推進方策について～情報化で広がる生涯学習の展望～』（2000年）
⑩ 中央教育審議会答申『新しい時代を切り拓く生涯学習の振興方策について～知の循環型社会の構築を目指して～』（2008年）

上記のうち，①は生涯教育の観点から初めて社会教育を方向づけた画期的答申であり，④は「生涯学習体系」への移行を教育改革の柱の一つとして提言し

た注目すべき答申である。⑥の答申ではリカレント教育（recurrent education）の推進，ボランティア活動（基本的理念として自発〔自由意思〕性，無償〔無給〕性，公共〔公益〕性，および先駆〔開発・発展〕性を提示）の支持・推進，学校外活動の充実などが強調されている。⑦においては，学校教育と社会教育の融合の必要性を訴えている。⑩は教育基本法の大改正（2006〔平成18〕年）後に出された答申として注目される。

このような国の答申が出されていくなかで，次第に日本各地で生涯学習の観点からの教育改革が試みられ，進められていった。

2　生涯学習のキー（鍵）概念

では，生涯学習とは何であろうか。この課題に対して，生涯学習のねらいや概念規定に先立って，そのキー（鍵）概念から説明していこう。ここでは最初に生涯学習のキー（鍵）概念のポイントが，「いつでも，どこでも，だれでも，なんでも」学習できる機会の保障と諸条件の整備にあること，を指摘しておきたい。そして，以下，この点に関して概説していくこととする。

（1）「いつでも」とは

「いつでも」とは，「人生のどの時期でも」の意味である。すなわち，乳幼児期，少年期，青年期，成人期，高齢期といった生涯各期のどの時期でも，必要に応じて学習できる機会が保障されねばならないとのことを意味している。従来，学習や教育はせいぜい青年期までで十分とする考え方が一般的であった。しかし，「いつでも」とは，必要に応じて成人期でも，高齢期でも学習できる諸条件を整備すべきだ，との考え方に依拠するものである。いわゆる，「タテの（時系列的）統合」の原理に基づくものであるといえよう。

この場合の「統合」とは，「固有性」と「連続性」に求められる。すなわち，生涯の各時期にはハヴィガースト（R.J. Havighurst）の指摘にも見られるように，固有の発達課題がある。例えば，わが国の社会教育において青少年教育で

は「健全育成」が強調されるが、高齢者教育で「健全育成」とは決していわない。このように生涯の各時期にはそれぞれ固有の発達課題があり、それを達成していく学習が必要とされる。同時に、人間の発達は連続的なものである。ハヴィガーストは生涯各期固有の発達課題が段階的に満たされていかない限り、人間は幸福になれないとしている（ハヴィガースト, 1995：24 - 28）。発達課題は学習や教育を通して達成されるものであり、それだけに「いつでも」学習できる諸条件の整備が要請されるのである。

なお、OECD（経済協力開発機構）の教育政策として知られるリカレント教育は、「いつでも」学習できる具体的システムの一つであり、今後ますますその拡充が求められるところである。

(2)「どこでも」とは

次に、「どこでも」の説明に移ろう。この「どこでも」とは、「どの生活空間でも」あるいは「どの生活の場でも」ということである。すなわち、家庭、学校、地域（職場等を含む）のいずれにおいても、学習できる機会の保障を意味している。これは、いわゆる「ヨコの（水平的）統合」の原理に基づくものである。この「ヨコの（水平的）統合」の原理は、具体的には「固有性」と「連携性」（「融合性」）にあると理解されよう。

ここでの「固有性」とは、それぞれの生活空間（生活の場）における教育の独自性を指している。例えば、家庭教育と学校教育は異なる機能を有している。家庭教育はしつけといった面に目を向ければ意図的教育といえようが、家庭が生活の場であることに着目すれば、トータルに見た家庭の教育機能は無意図的・自然的形成の面が強い。他方、学校教育は意図的・計画的教育の典型である。これは学校教育が自立した社会人を育てるための基礎教育・準備教育の役割を担っているからに他ならない。

ところで、例えば児童・生徒の場合、彼らは家庭の一員であると同時に学校教育を受ける存在であり、さらには社会教育の対象でもある。そこで、上述のように家庭教育、学校教育および社会教育はそれぞれに固有の機能を有するも

のではあるが，児童・生徒のより一層の成長をめざすにあたっては，これらがてんでんばらばらに展開されるのではなく，三者間の連携（融合）が不可避的とされよう。つまり，従来のように学校教育は学校教育，社会教育は社会教育といった分離主義的教育の推進体制では不十分なのである。なお，教育基本法第13条（学校，家庭及び地域住民等の相互の連携協力）はこのような趣旨に沿う規定であると理解されよう。

（3）「だれでも」とは

「だれでも」とは，「すべての人々（住民）」を指している。すなわち，生涯学習はあらゆる住民の学習活動を保障しなければならないものであって，決して一部の人々のためのものであってはならない。このことは日本国憲法第26条「教育を受ける権利」に規定されているところでもある。ここでいう「教育」とは学校教育に限定されるものではなく，あらゆる教育を指している。したがって，この点に着目すれば，「教育を受ける権利」は「生涯学習権」と言い換えられてもよいと思う。

いずれにせよ，生涯学習は特定の人々のためのものではなく，健常者も障がい者も，健康な人も病気の人も含めた，すべての住民のためのものであることを確認する必要がある。なお，「病気の人も」と書いたが，この点については，例えば病院に入院している子どもを対象にした「院内学級」の制度を想起していただければ幸いである。

（4）「なんでも」とは

最後の「なんでも」であるが，これは「どのような学習内容でも」ということを意味している。すなわち，人々のニーズに応えるどのような学習内容でも準備すべしということだ。これは社会教育の場合に該当する。社会教育は住民の多様なニーズに応えることを本務とする教育であるからだ。もっとも，財源等諸制約のなかであらゆる住民の多様なニーズに完全に応えることは現実的には困難であろうが，それに限りなく近づく努力こそが重要であろう。

学校教育の場合はどうか。周知のように、初等・中等教育ではその学習内容は学習指導要領等によって規定されており、定型的である。したがって、「なんでも」学習できるシステムになっていない。しかし、例えば2002年度から導入された総合的な学習の時間は、各学校でそれぞれに学習内容を開発・設定するシステムになっており、「なんでも」の可能性を拡充するものであるといえよう。

　学校教育は自立した社会人を育成するための基礎教育・準備教育を担当するものであり、基本的には定型的な教育となろう。しかし、日本の場合、従来、あまりにも画一的な教育であった。今後、規制緩和が進み、各学校の裁量権が拡大されていくものと思われる。このような状況下にあって、子どもたちの多様な学習ニーズ（親の願いや地域の期待も含めて）に応えるとの観点から、学校教育においても、ますます「なんでも」の可能性が探られねばならないであろう（田代，1994：6-7）。

3　生涯学習のねらいと概念規定

(1) 生涯学習のねらい：自己の実現

　生涯学習のキー（鍵）概念は上記の通りであるが、次に生涯学習のねらいについて考えてみよう。従来、教育の目標は「個の完成」、あるいは「人間形成」に求められてきた。この事自体に疑問を差し挟もうとは思わないが、ここでは生涯学習のねらいを自己の実現に設定したい。

　このねらいの設定にあたって、参考とされるのがマズロー（A.H. Maslow）の欲求階層説である。マズローはその欲求階層説で、人間の欲求は生理的欲求―安全の欲求―所属と愛情の欲求―尊重の欲求―自己実現の欲求の順に、次元の高い欲求へと移っていくとしている（上田，1988：35-47）。つまり、自己実現欲求はマズローによって人間の最も高次の欲求として位置づけられているのである。

　この自己実現を生涯学習のねらいとして設定したことについては、人々の置

かれている社会経済的状況との関わりが深く，この点についての認識も大切であろう。例えば，食うや食わずといった貧しい状況下や安全が脅かされるような危機的状況のなかでは，人々は生理的欲求や安全の欲求を充足しようとすることに主力を注ぐであろう。しかし，産業構造が高度化された生産性のきわめて高い社会においては，「生産」のみに価値観や生活様式が大きく規定されることなく，人々の自己実現欲求を充足させる環境が醸成されてきた，と理解することができよう。したがって，このような豊かな社会に移行しつつある今日，生涯学習社会構築に向けての学習・教育のねらいは，人間の最高次元の欲求である自己の実現に設定されてよいと思う。

　生涯学習のねらいである自己の実現は，それぞれがそれぞれに設定すべき性格のものである。つまり，自己実現の具体的内容はそれぞれが，その個性に応じて設定すべきであって，決して画一的なものではない。また，自己の実現はダイナミック（動的）な概念としてとらえられるべきである。人間は生涯にわたり成長していく存在であり，人間の一生自体が発展の過程であるからだ。したがって，自己の実現は，実際的には生涯のそれぞれの過程で，各自がそれぞれに目標を設定し，その実現に向けて努めることを意味するといえよう。

（2）生涯学習の概念規定

　生涯学習のキー（鍵）概念やそのねらいについて述べてきたが，これらを踏まえて，生涯学習の概念はどのように規定されるであろうか。

　筆者は先に説明した部分との表現上の重複を承知しつつ，次のように概念規定を試みた。すなわち，「生涯学習とは人生のあらゆる時期（少年期や青年期までに限らず成人期も高齢期も），あらゆる生活の場（家庭でも，学校でも，地域でも，職場でも）において，人々が自己のあらゆる生活（個人生活，家庭生活，職業生活，市民生活）の質を高め，自己を実現していこうとする，すべての意図的活動である。生涯学習はあらゆる人々（男性も女性も，健常者も障がい者も，元気な人も病気の人も）のためのものであり，またあらゆる住民のニーズ（趣味・教養やスポーツ・レクリエーションだけでなく，産業づくり・

地域づくりなども含む)に応えるものでなければならない。さらに生涯学習は人々にとって楽しく,充実したものでありたい。なお,生涯学習は社会の発展と調和するものでなければならない」(田代,2000：5-6)。

ところで,「生涯学習」と「生涯教育」の関係はどのように考えたらよいであろうか。この点に関して,例えば,中央教育審議会答申『生涯教育について』(1981年)では,「今日,変化の激しい社会にあって,人々は,自己の充実・啓発や生活の向上のため,適切かつ豊かな学習の機会を求めている。これらの学習は,各人が自発的意思に基づいて行うことを基本とするものであり,必要に応じ,自己に適した手段・方法は,これを自ら選んで,生涯を通じて行うものである。この意味では,これを生涯学習と呼ぶのがふさわしい。この生涯学習のために,自ら学習する意欲と能力を養い,社会の様々な教育機能を相互の関連性を考慮しつつ総合的に整備・充実しようとするのが生涯教育の考え方である」と両者を区分し説明されている。一方,生涯学習＝生涯教育としている事例も見受けられる。その典型がユネスコの「成人教育の発展に関する勧告」(1976年)である。この勧告では概念規定にあたって「生涯学習及び生涯教育とは…」と表記されており,両者を区分せず同一の概念としてとらえている(持田他,1979：42-43)。このように「生涯学習」と「生涯教育」との関係については,必ずしもコンセンサスが得られているわけでないことがわかる。

4 自己実現能力の育成

以上,生涯学習に関する基本的な事項について説明してきたが,次に学校教育および社会教育(主に青少年教育)を視野に入れつつ,より具体的に考えてみよう。

先に生涯学習のねらいを自己の実現に設定したが,学習や教育を手段としてとらえた場合,学校教育および社会教育(主に青少年教育)は子どもたちが自己実現能力(これを「生きる力」といってもよい)をいかに育んでいくか,を目標に推進されることになろう。問題は,自己実現能力をどうとらえるか,具

体的にはその構成要素をいかに規定するか，である。以下，この点について考察してみよう。

　まず第1点目として，精神的能力を自己実現能力の一つの要素として指摘したい。この精神的能力とは自己競争力，忍耐力，思考力，判断力，洞察力，観察力などを指している。これらのうち，「自己競争力」については耳慣れない言葉であろうかと思われるし，筆者自身強調したいところでもあるので，簡単に説明しておこう。これは文字通り自分自身と競争する力であり，それは自己の設定した目標に向かって，それを達成しようとする力であるともいえよう。すなわち，自己の実現とは他人との関係においてではなく，何といっても自分自身の問題としてとらえられるべきである。ゆえに他人と競争するというより，自分自身の目標に対する自己自身との競争を意味する。従来，競争といえば，他人との競争を指していたが，生涯学習社会を構築しようとする今日，競争のとらえ方は自己を中心とするものへと転換させねばならないと思う。ちなみに，例えば運動会でのかけっこやマラソン大会では，"一番がよくて最下位はダメ"といった結果だけの評価でなく，それぞれの子どもが走る過程でどれだけがんばり，自己競争力をつけたか，つまりその子の成長という観点からの評価も必要ではないか。なお自己競争力が忍耐力，思考力，判断力，洞察力，観察力などと深く関わり合っていることはいうまでもない。

　2点目。社会性や人間性も自己実現能力の重要な構成要素である。最近の子どもは責任感や協調性，あるいは他人に対する温かい思いやりに欠けるといわれる。中央教育審議会答申『新しい時代を拓く心を育てるために～次世代を育てる心を失う危機～』(1998年)において，「正義感・倫理観や思いやりの心など豊かな人間性をはぐくもう」との提言が見られ，社会性・人間性の教育が強調されているのも，このような状況を踏まえてのことであろう。「物は豊かになったが，心は豊かになっていない」との指摘もあり，今日，社会性・人間性を高めるための教育の重要性が改めて問われねばならない。

　第3点目に基礎的・基本的知識を挙げたい。近年，とかく学校は知識偏重の教育を行っているとして批判にさらされている。従来のようなつめ込み型の学

校教育では，専ら「知識詰め」の子どもを生み出すだけで，到底自己実現能力が培われるとは思えない。だが，人間にとって知識が不要かといえば，そんなことは断じてない。私たち一人ひとりが自己の実現をめざして，豊かな人生や生活を送っていく上で，有用な知識は不可欠である。例えば，児童期に「読み・書き・計算」(3R's)の基礎がきちんと習得されていなかったらどういうことになるか。知識偏重の教育には賛成できないが，有用な基礎的・基本的知識は自己実現能力の一つとして正当に位置づけられねばならない。

　最後に，健康や安全も重要な構成要素として指摘しておきたい。なぜならば，これらは自己実現にあたっての大前提であるからだ。いうまでもなく，健康や安全なくして自己の実現は考えにくいからである。今後，健康・安全のための教育は，様々な創意工夫の下，一層その充実・発展が企図される必要があろう（田代，2001：172-173）。

　なお，以上指摘してきた4つの構成要素に関しては便宜的に「第1，第2」などと番号をつけただけで，これらの要素間に優劣の順位性はないことを申し添えておく。いずれにせよ，子どもの発達と教育の適時性の原理を踏まえつつ，上記のような自己実現能力を育成していくべきであろう。

5　体験学習の推進と留意点

(1) 体験学習の意義・重要性

　自己実現能力の育成にあたっては，詰め込み主義的知識伝達型の教育では自ずと限界がある。自ら主体的に体験し，体験を通して考えを深めたり，感性を豊かにしたりする体験学習が有効であると思う。「自己競争力」にしても，「忍耐力」にしても，言葉だけの指導だけでなく，「がんばり体験」や「困難体験」を通して一段と培われていくであろう。

　学校教育において，児童・生徒の職業や進路の問題はきわめて重要である。それぞれの職業・進路と自己の実現とは深く関連しており，「生き方指導」としての職業・進路の指導はもっと重視されねばならないが，その際，職場見学，

職業試行，体験入学といった啓発的経験が有効であると思う。このような啓発的経験を通して，思考力，判断力，洞察力，観察力などの自己実現能力が高まるとともに，自己や職業についての理解が深まり，職業観や勤労観の形成が一層促されよう。このような学習の体験化は職業や進路の指導においてのみ意義づけられるのではない。例えば，子どもたちの理科離れが問題視されて久しいが，自然科学への興味・関心をもたせるには，「不思議体験」などの学習機会を提供することも一策であろう。また，道徳教育にしても，徳目主義の指導には限界があり，体験活動を通して内面的自覚を促す指導が有効であると思う。

　以上のような体験学習は「1オンスの経験は，正に1トンの理論にも優る。なぜならば，いかなる理論もただ経験においてのみ生きた，そして確認が可能な意義をもつからだ」(Dewey, 1966：144) との指摘に象徴される，デューイ (J. Dewey) の教育理論に学ぶところが大きい。筆者自身はデューイの理論に学びつつ，体験学習は基本的には「経験・思考・成長」の観点からとらえ，意義づけられるべきだと考えている。

　なお，法規定との関係で一点補足しておけば，学校教育法においても「体験活動（体験的な学習活動）の充実」が明記（第31条に規定）されていることである。この点は体験学習の重要性を法的にも認知しようとするものであり，決して看過されてはならないと思う。

(2) 青少年の体験活動の減少

　ところで体験学習が強調される一因（背景）として，生活環境の変化に伴う青少年の体験活動の減少が挙げられるであろう。すなわち，産業構造の高度化や科学技術の発展に起因し，また生活の利便化も手伝って，子どもたちは種々の体験活動の機会を無くした。例えば，田植えにしても，稲刈りにしても機械化が進み，子どもたちの入り込む余地はない。もち（餅）つきにしても，もちはお店で調達するのが一般化し，田舎でもその光景が見られなくなった。子どもたちは野菜そのものは知っていても，それらの野菜がどのように畑に植えられ，手入れされ，収穫されるかについては知らない。川や山など，自然のなか

での遊びも失われた。

　このような体験活動の減少傾向も十分視野に入れつつ，われわれは自己実現能力の育成に当たって，ますます体験学習の意義・重要性を認識し，学習の体験化を企図していかねばならないであろう。

（3）体験学習推進上の留意点

　体験学習を推進するにあたって留意すべき点は，単なる体験，漫然たる体験に終わらせてはならないということである。すなわち，体験の質が問われねばならないからである。一つの事例として，小学校や中学校における集団宿泊学習について考えてみよう。この事業は少年自然の家や青年の家などで実施されているが，それぞれの学校で，例えば規律ある生活の仕方を身に付けることや友達と協力しながら責任をもって自分の役割を果たすことなどの目標が設定されており，これらの目標がいかに達成されたかが問題とされねばならない。

　そのためには，体験学習の目標を的確に設定するとともに，目標に照らしつつ指導し，終了後は評価を行い，その評価をさらに体験学習の改善・充実に生かしていくことが大切である。つまり，目標に基づき，「計画（Plan）―実施（Do）―評価（See）」という，ＰＤＳ方式と称されるマネジメント・サイクルの観点に立つ教育経営が不可欠となってくる。

　今ひとつ留意点を指摘すれば，体験学習の推進は学校だけでは自ずと限界があるということである。ボランティア活動なり，職場体験学習なり，といった体験学習を効果的に推進していくためには，地域との連携を密にし，地域の方々の協力を求める必要がある。結局のところ，学校はその体質を改善し，一層「地域に開かれた学校」へと脱皮していくよう迫られているのである

学習課題

(1) 本章では生涯学習の概念規定を試みているが，ゲートボール，生け花，職業能力開発など具体的事例に即して考え，理解を深めてみよう。
(2) 自己実現能力を構成する要素として精神的能力など4点を挙げたが，これでよいだろうか。例えば，コミュニケーション能力についてはどうであろうか。
(3) 遊びやお手伝いなど，子どもの体験活動の移り変わりについて，高齢者や親などに話を聞いてまとめてみよう。

参考文献

上田吉一（1988）『人間の完成――マスロー心理学研究』誠信書房。
田代直人編（1994）『社会教育の理論と実践』樹村房。
田代直人（2000）「生涯学習の概念に関する一考察――教育行政の今日的課題」西日本教育行政学会『教育行政学研究』第21号。
田代直人（2001）「社会教育施設との積極的連携」児島邦宏・天笠茂編『学校のネットワーク化――関係機関との連携・協力』ぎょうせい。
デューイ，J.（1984），金丸弘幸訳『民主主義と教育』玉川大学出版部。
ハヴィガースト，R.J.（1995），荘司雅子監訳『人間の発達課題と教育』玉川大学出版部。
持田栄一・森隆夫・諸岡和房編（1979）『生涯教育事典　資料・文献編』ぎょうせい。
Dewey, J. (1966) *Democracy and Education*, Free Press, first free paperback edition.

（田代直人）

第2章

人間の発達と教育

　人間は遺伝と環境どちらによって形成されるのかという問いは，古くから議論されてきた。例えば，親子で顔立ちや体格，しぐさ，癖などが似ているなどといわれたりすることがあるが，人間は遺伝または環境のどちらかのみで形成されるものではなく，両者はお互いに作用し合っている。つまり，人間の成長には遺伝的な要因と環境的な要因の両者が関係しているのである。

　この両者のうち，遺伝的な要因は生得的なもので私たちの手ではいかんともしがたいものであるが，環境的な要因は私たちが意識して変化させることができるものである。そのため，「孟母三遷の教え」の故事にみられるように，私たちは子どもの発達や将来のためによい環境を整えようと必死になる。それでは，環境は人間の発達にどのような影響を与えるのだろうか。また，子どもの健全な発達のために，どのような環境を整え，どのような教育を与えるべきなのであろうか。本章では，人間の発達や教育について環境や家庭の教育機能の面から考えてみることにする。

1　人間の発達と環境の関係

（1）環境による発達への影響

　人間は生理的早産の状態で生まれてくる。これは，スイスの動物学者アドルフ・ポルトマン（A. Portmann）が指摘したことであるが，人間は他の哺乳動物と比較した場合，生後1歳になってようやく他の哺乳類が生まれたときに到達している発達状態にたどりつく。つまり，他の哺乳動物の赤ちゃんが生まれて数時間後には自ら立ち上がり歩行を始めるのに対し，人間の赤ちゃんは生後1年前後でようやくつかまり立ちをし，歩行訓練が始まる。このように，人間の

赤ちゃんは他の哺乳動物よりも未熟な状態で生まれ（生理的早産），その後，生きるために必要な成長が急激に起こるのである。その際，父母や周囲の人々による食事や排泄などの世話は欠かせない。そして，他の動物よりも長期にわたる成長期間をかけてゆっくりとおとなになる。このように，人間は未熟な状態で生まれてくることにより，その後の環境に適応しやすい可塑性をもっており，その分，成長していく間の環境が発達に大きく影響するということがいえるのである。

例えば，日本人が苦手とする英語の「r」と「l」の発音の聞き分けについて，生後半年の赤ちゃんは2つの音を聞き分けることができるが，生後10ヶ月を過ぎた赤ちゃんはその違いを認識することができないそうである。これはすべての環境に適応できるような状態で生まれてきた赤ちゃんが，日本語で話す環境に適応するにつれ，日本語に必要な音だけを聞き分けるようになり，日本語にない「r」と「l」の区別は無視するようになった結果なのではないかといわれている（産経新聞「新・赤ちゃん学」取材班，2003，63-64頁）。

（2）野生児と環境

こうした環境が発達に与える影響を示すものとしてよく挙げられるのが，人間社会とは異なった環境で育ったとされる野生児の事例である。乳幼児期に何らかの理由によって人間の世界から引き離された子どもが，森のなかで生活し，その後発見され人間の世界に連れ戻されたという事例が，世界中で伝えられている。そのなかでよく知られているのが，「アヴェロンの野生児」と「狼に育てられた少女」の記録である。

アヴェロンの野生児は，1799年フランスのアヴェロンの森で見つかった12歳くらいの少年で，4～5歳の頃に何らかの理由で森に捨てられたものと推測されている。発見された当初，彼は，動物的な感覚が鋭く，人に対して無関心で，言葉はもちろんのこと音声さえも発することはできなかった（イタール，1981：19-24）。

また，狼に育てられた少女として有名なアマラとカマラは，1920年にインド

写真2-1 地面に置かれた皿の食べ物を
なめて食べる狼少女
(出所) シング, 1977：口絵。

の東北部で狼とともに徘徊していたところを発見され，保護された。そのとき，アマラは推定1歳半，カマラは推定8歳で，四つんばいで移動し，暗闇を好み，遠吠えをする，まさしく狼のような状態であった。食事も手を使うことはせず，地面に置いた生肉を手で押さえ，口で直接引き裂いて食べていた（写真2-1）。

こうした事例は，人間の乳幼児期が環境に影響を受けやすいことを示すものだといわれている。その後，彼らは献身的な世話を受け，着脱衣や食事のマナーなどの日常生活に必要なことや，人間らしい感情などを徐々に身に付けていった。しかし，言葉を習得することはむずかしく完全にマスターすることはなかったそうである。

(3) 人間をとりまく環境

私たち現代人をとりまく環境は，これまで以上に急速に変化している。インターネットや携帯電話の普及により，世界中から様々な情報を即座に入手することができ，世界中の人々とメールや会話を楽しむことができるようになった。また，24時間開いている店や通信販売による買い物，遅くまで子どもを預かる保育所など，現代人の生活パターンに合わせたサービスも提供されている。このように，私たちの生活に便利さと快適さをもたらす現代の生活環境であるが，逆にいうと，私たちはこうした環境に適応しながら生きていくことが求められているのである。

「環境」とは「まわりを取り巻く周囲の状態や世界。人間あるいは生物を取り囲み，相互に関係し合って直接・間接に影響を与える外界」（『大辞泉』）である。この人間に影響を与える外界である環境は，視点によって様々なとらえ方

がなされるが，本章では自然環境，社会文化環境，人的環境の3つに分類することとする。

① 自然環境

自然環境は，土地・大気・水・生物など自然界に存在するもので構成されている。人間は当然のことながら生物の一種であるため，自然環境とまったく切り離されて生活することは考えられない。このことは，都会で生活しながら部屋に花や観葉植物を飾ったり，登山や海水浴，森林浴をしたりと，心身の癒しを求めて自然に触れるといった行動からもうかがえるであろう。

人間が自然環境と関わることにより得られる効果はいくつかあるが，第1に身体や五感の発達が挙げられる。登山をする，海で泳ぐ，花のにおいを嗅ぐ，木の実や野草を味わうなど自然のなかで活動することにより，身体を鍛え，五感を使って身体感覚を敏感にすることができる。第2に情緒の安定，知的・精神的発達が挙げられる。花や風景を見て美しさに感動したり，やすらぎを感じたり，雲を動物の形に想像してみたりといった，自然に触れることにより穏やかな気持ちになったり知的好奇心が揺さぶられる。第3に生物の生と死について学ぶことができる。植物や小動物の世話をすることにより，他者へのいたわりや思いやりの感情が育つ。そして，その死を体験することにより，人間も含めた生物の生死について考えることができる。

② 社会文化環境

現在私たちをとりまく環境のなかで関わりの多いものが，社会文化環境である。社会文化環境とは，人間が創り出したすべてのものを含み，生活用品や文化財などの有形のものや，ことば・慣習・常識・社会的ルールなどの無形のものなどがある。本来人間は，自然環境に適応することが生存のための必須条件であった。そのため，火を使い様々な道具を作り出し，自然環境に適応できるように生活環境を整えてきた。その結果，社会ができ文明が進み，今度はそのなかで適応することが求められるようになった。すなわち，ことばの習得やあいさつ，着脱衣，交通ルールの知識，電気・水道・ガスの使い方など，私たちが生活するうえで欠かせない道具を使いこなし，社会的ルールを知っているこ

とが,人間として必要な知識となったのである。

特に,近年のテレビやインターネット,携帯電話などの情報通信機器の急速な普及により,私たちをとりまく環境も急激に変化している。社会で快適に生活するためにも,また社会で生き残るためにも,これらの機器を使いこなし,いち早く情報を仕入れることが求められる。そして,グローバルな視点から社会生活を考えていくことが必要とされている。

③ 人的環境

人的環境とは,親・友だち・親戚・先生・医者・近所の人など,ある人をとり巻く人々で構成される環境のことである。人間は一人では生きていけない。この世に生を受けた後,親や友だち,地域の人たちとの関わりのなかで様々な刺激を受けながら成長していく。親からの愛情,しつけ,友だちとの友情,仲間意識など,ときにはぶつかりあいながらも築いていく信頼関係が社会生活の基盤となり,自立へとつながっていく。

しかし,最近では少子化の影響などから,遊び仲間が減り,地域での人との関わりが少なくなっている状況にある。そのため,人と関わることが苦手で,傷つくことを恐れ,自宅にひきこもる若者が増加している。他人との関係のなかで悩んだり話し合ったりしながら,良好な社会生活を送っていくための社会性を身に付けるためには,幼少期から身近な人を信頼し,多様な人と触れ合えるような人的環境を整えていくことが大切である。そのためには,子どもを取りまく現状を踏まえた上で,人と出会えるような環境を意識的に作り,多くの人と様々な関わりがもてるように配慮することが求められる。

2 人間の成長と発達段階

(1) 子どもの発見

現代のように子どものよりよい発達や幸福を考えて子育てをするようになったのは,それほど昔のことではない。人間の成長・発達の方法や医学・衛生・栄養などについて現代ほど解明されていなかった時代では,子どもは子どもら

しさではなく，早く家族や社会に貢献できるようになることを求められていた。そのため，親は子ども期にそれほど関心を示さず，子育てにも積極的ではなかった。

例えば，19世紀イギリスの富裕な階級の家庭では，母親は体型がくずれるのを気にして授乳せず，子育てを乳母や家庭教師に任せていた。子どもは親とは別の空間で生活し，両親と会えるのはおやすみのキスのときだけであった。さらに，子どもが生活した部屋は屋根裏の薄暗くて寒いゆううつな場所で，衛生や室温・換気・照明などといった現在子ども部屋で重視されている環境構成は考えられていなかった。また，栄養に関する知識も現代とは異なっており，子どもの食事は親のぜいたくなそれとは異なり質素で，パンやミルクを中心とした，肉などは特別なときにしか口にできないものであった。

一方，同時期のイギリスの都市の労働者の子どもは，5歳くらいになると家計を助けるため工場や鉱山などで働いた。工場での労働は1日10時間以上のところが多く，昼夜2交替制をとっていたある工場では，仕事を交替するまで子どもは薄汚い部屋の不衛生なベッドで睡眠をとり，時間になると交替して仕事についた。工場のごみで汚れていても入浴して体を清潔にする習慣もなく，食事も粗末なものであった。また，母親も労働に出ているため，乳児を世話することができず家に放置している家庭もあった（阿部，1995：28-29，58-59）。

このように家庭の貧富にかかわらず，親が子育てに多くの注意を払うことは少なかった。そして，現代のように子ども期が大切にされることはなく，子どもの心身の発達に適した環境や教育について考慮されることはなかったのである。

こうした子どもに目を向けない社会に対して，子ども期の重要性を主張したのが，ジャン・ジャック・ルソー（J.J. Rousseau）である。彼は，子どもはおとなとは異なる特有な見方，考え方，感じ方をもっており，「自然は子どもがおとなになるまえに子どもであることを望んでいる。この順序をひっくりかえそうとすると，成熟してもいない，味わいもない，そしてすぐに腐ってしまう速成の果実を結ばせることになる」（ルソー，1972：125）と述べている。このよ

うに，ルソーは子ども期を子どもらしく充実させて生きることが，後の時期の成長をスムーズにし，その人生を豊かにすることができると考えたのである。

また，幼稚園を創設したフリードリヒ・フレーベル（F.W.A. Fröbel）も，「少年時代の年齢に達したからといって少年なのではない，青年時代の年齢に達したからといって青年になったのではない。児童時代またはさらに進んで少年時代をおえ，そして精神や気分や身体の種々な要求を十分に満したから，少年であり，または青年となったのである」（フレーベル，1976：39）と，発達の連続性の観点から子ども期の重要性を説いた。子どもはそれぞれの発達段階を十分に生きることにより，心身ともに健康に成長することができる。そのため，幼児の自己活動を重視し，幼児の発達に応じた時間と空間を十分に与えることが大切なのである。

このような子ども期を大切にすること，その段階をしっかりと発達させることが人間の成長には不可欠であることを主張した彼らの思想が次第に普及していく。そして，この「子どもの発見」が現代の子ども観へとつながっていくのである。すなわち，20世紀において，彼らの主張は児童中心主義思想で再解釈され，その思想的源泉として位置づけられた。それと同時に子どもの心身の発達について，科学的な研究が行われるようになり，様々な側面から子ども期について考えられていくようになるのである。

（2）発達課題と成長

子どもの成長はいきなり秩序なく進むものではなく，段階を追って進んでいくものである。その発達における段階にはそれぞれ達成すべき課題があり，それを発達課題という。これは，子どもが将来のために今この段階で獲得しておくべきことで，その課題の達成が，後の課題遂行の基盤となる。発達課題ではロバート・J・ハヴィガースト（R. J. Havighurst）のものが有名であるが，彼は人間の発達を，①幼児期（誕生〜5歳）②児童期（6〜12歳）③青年期（13〜17歳）④成人期（18〜30歳）⑤中年期（31〜54歳）⑥老人期（55歳〜）の6期に分けて，各段階での発達課題を示している。また，エリック・エリク

ソン（E.H. Erikson）は自我の発達という側面から人間の発達を8つの段階に分けている。これは，①口唇＝感覚期（乳児期），②筋肉＝肛門期（早期児童期），③運動＝性器期（遊戯期），④潜在期（学齢期），⑤思春期（青年期），⑥若い成年期（初期成人期），⑦成年期（成人期），⑧円熟期（成熟期）の8段階である（細谷他，1990：502）。

　ところで，ハヴィガーストは発達課題を2つのカテゴリーに分類した。1つは，ある時期にのみ起こり，そのときに達成されなくてはならない課題，もう1つは，達成するのに長い時間を必要とする課題である。歩行や排泄の学習，話すことの学習，職業の選択などが前者の課題にあたり，性役割の獲得や人生観・価値観の形成，社会への責任などが後者の課題にあたる。

　特に，前者の課題には教育をするべき適切な時期が問われるが，これには「臨界期」の概念も関係してくる。孵化（ふか）して間もないカモなどのヒナは，孵化後人間やその他の動く対象に接すると，その対象の後をついていく刷り込み（インプリンティング）という現象がおこる。これは，孵化後一定の時間内（16時間前後）に限って起こり，それより遅くても早くても生じることはない。このように，一定の能力や行動パターンを習得するにあたり，経験や刺激の影響を最も受けやすい時期のことを臨界期というが，この時期を外れるとその効果が期待できないという性質をもっている。人間の場合，幼少期に音感やリズム感，言語の獲得などがスムーズに行われるといわれている。

　このように，発達段階に応じて必要なことを適した時期に教えていくことは大切であるが，発達課題にとらわれすぎて，子どもの発達をその枠で判断しすぎないように気をつけることも忘れてはならない。子ども個人の発達を考えたとき，一般化された発達課題よりも，子ども自身が自分の当面する課題，すなわち自己課題を乗り越えることのほうが大事なこともある。一生という長いスパンで人間の発達をとらえ，子ども一人ひとりに応じた教育とその適時性を考えていくことが重要であろう。

3 家庭の教育機能の充実に向けて

(1) 家庭の教育機能

　人間は一般に，一生のうちで出生家族と生殖家族という2つの家族に所属する。出生家族とは子どもとして生まれてたその家族のことで，生殖家族とはおとなになり自ら親として作った家族，子どもを育てる家族のことである。つまり，私たちは出生家族のなかで親から優しく厳しくしつけや教育を受け，社会へ出た後，今度は自分が家族をつくり，自分の子どもを育て，社会へ送りだすという親に課せられた大きな責任を果たしていく。

　その責任を果たすため，親は家庭教育として，わが子に毎日の各場面や状況のなかで，社会生活に必要な知識や生活習慣などを教えていく。こうした家庭教育には，子どもに愛情を与え，しつけをし，子どものモデルとなるという3つの機能が認められる。子どもは前述したように，何もできない生理的早産の状態で生まれてくる。そのとき，親が懸命に子どもの世話をし，抱きながら言葉をかけ，純粋な愛情をたっぷりと与える。これにより，子どもは精神的に落ち着き，順調に発達することができると同時に，親が見守ってくれていることを信じて自立することを学ぶことができる。

　そして，その愛情が基礎となりしつけが行われていく。しつけとは人間として必要とされる生活習慣や礼儀作法を教えていくことである。その際，失敗したり叱られたりしながら身に付けていくこともあるため，子どもにとって必ずしも心地よいものとは限らない。たとえば幼児期であれば，排泄，食事，衣服の着脱，あいさつ，体を清潔にすることなどの基本的な生活習慣を身に付けさせることが，しつけの内容となる。

　また，子どもは乳児の頃から自分の周囲への関心が強く，そこから多くのことを学んでいく。そのため，しつけとは異なり，親が無意識に行っている言動を観察し，真似をしながら身につけていくことも多い。親は子どものモデルであり，親子で口調が似ていたり，癖や雰囲気がそっくりだったりするのは，子

どもが親から自然に学んだ結果である。

（2）家庭教育と子育て支援体制

　家庭における教育において，従来母親の役割が重視されてきた。しかし，現代ではその母親たちが育児に対して不安を抱え，ひどい場合には育児ノイローゼやわが子に対する虐待などといった社会問題を引き起こしている。また，基本的な生活習慣が身についていない子どもや，しつけを学校や幼稚園・保育所に依頼する保護者など，家庭の教育力の低下を示すような問題も出てきている。
　こうした状況を受け，2006（平成18）年に改正された教育基本法では，第10条で家庭教育の第一義的責任を父母ら保護者に求めるとともに，国および地方公共団体にその支援のための施策を講ずることを求めている。また，2008（平成20）年に改正された幼稚園教育要領や保育所保育指針では，在園児の家庭だけでなく地域の子育て家庭に対しても子育て支援を行う，地域の子育て支援センターとしての役割を保育施設に課した。こうして，家庭を中心に学校や保育施設，地域も一緒に子育てに取り組む体制が整備された。

（3）子育て支援の取り組み

　最近，保育施設や学校に登園・登校しても，ぼんやりして遊べない，授業に集中できない，昼食やおやつを食べてようやく活動的になる，すぐに疲れて座り込むなど，子どもの体力不足，学習意欲や気力の低下などが問題になっている。文部科学省は，こうした子どもの様子の原因の1つとして，適切な運動や睡眠の不足，栄養の偏りなどを挙げ，成長期の子どもに必要な基本的生活習慣が乱れていることを指摘している。実際，就寝時刻が夜10時以降の子どもは，1歳半児で30％，2歳児35％，3歳児31％，4歳児26％，5歳児25％（日本小児保健協会「幼児健康度調査報告書」（平成22年度））となっており，遅寝の子どもが増加していることがわかっている。また，朝食を毎日とっていない子どもが約20％いることもわかっており（文部科学省「平成19年度全国学力・学習状況調査」），その理由として，食欲がない，食べる時間がない，朝食が準備されてい

ないことが挙げられている。このような子どもの生活習慣の乱れは、親の子育てに関する知識や経験不足などにより、意識して整えるべき子どもの生活リズムを考えず、親の生活スタイルに子どもを合わせていることに起因しているといわれている。そのため、親に子育て意識を啓蒙し、家庭と学校と地域が一緒になって子育てに取り組むような活動が求められているのである。例えば、文部科学省が支援する「早寝早起き朝ごはん運動」や「子どもの体力向上キャンペーン」、厚生労働省が推進する食育プロジェクトなどの活動がこれにあたる。こうした国が推進している活動だけでなく、地方公共団体による子育て支援活動や各学校による取り組み、保育施設での子育て相談など、様々な団体が現在実際に活動を行っている。

「早寝早起き朝ごはん運動」は、2006（平成18）年に設立された「早寝早起き朝ごはん」全国協議会が実施している国民運動を、「子どもの生活リズム向上プロジェクト」の一環として文部科学省が支援する、官民連携の活動である。全国でフォーラムを開催したり、実践調査研究を行ってその成果を発表するなど、子どもの生活リズムを整えることの重要性を社会に対して啓蒙していく活動を積極的に行っている。2011（平成23）年2月現在、250あまりの団体や個人の会員が加盟し、この運動の普及活動を行っている。

現代の家庭が抱える子育てに対する不安や問題。これらを解決していくためには、気軽に悩みを相談できる場所と、子どもの成長を共に喜ぶ人々の存在が欠かせない。そうした子育て環境と地域づくりが急務であり、学校や保育施設がその一翼を担うことが期待されているのである。

学習課題

(1) 現在の子育て環境の問題点を指摘し、改善策について話し合ってみよう。
(2) 地域の子育て支援の具体的な取り組みを調べてみよう。
(3) 昔の子どもの生活や子育てについて調べ、現代の子育てとの相違について比較検討してみよう。

参考文献

阿部真美子（1995）『乳幼児の発見と保育の歩み』明治図書。

イタール，J.M.G.（1981），中野善達・松田清訳『アヴェロンの野生児――ヴィクトールの発達と教育』福村出版。

産経新聞「新・赤ちゃん学」取材班（2003）『ここまできた新常識　赤ちゃん学を知っていますか？』新潮社。

シング，J.A.L.（1981），中野善達・清水知子訳『狼に育てられた子――カマラとアマラの養育日記』福村出版。

フレーベル（1976），小原國芳訳『フレーベル全集　第2巻　人の教育』玉川大学出版部。

細谷俊夫他編『新教育学大事典　第5巻』第一法規，1990年。

文部科学省「みんなで早寝早起き朝ごはん～子どもの生活リズム向上ハンドブック～」http://www2.hayanehayaoki.jp/content/Library/handbook.html

ルソー（1972），今野一雄訳『エミール　上』岩波書店。

（中嶋一恵）

第3章
教育方法の基礎

　これまで受けてきた授業を思い出してみてほしい。それらは一様ではない。教師による説明，グループでの話し合い，調べ学習など，様々な学習形態を経験してきたはずだ。どうすれば子どもたちにわかりやすく教えることができるのか。自ら主体的に学ぼうとするのか。教師は日々そのことを考え，いくつかの学習形態を組み合わせながら授業を計画している。

　これまでどのような教育方法が確立されてきたのか，その主要なものを「自分が将来授業をする」という意識のもとで理解しておくことが重要になる。本章では，学習形態ならびに教育方法の原理について学び，実際の授業づくりについての方法を検討する。また近年，教育活動に取り入れられるようになってきた新たな教育手法についても紹介する。

　教育の方法は，学校における授業はもちろん，他の職場等におけるプレゼンテーションなどとも大いに関係が深い。教職に就こうとする人はもちろんだが，そうでない人も本章から多くを学びとり，自分のものにしていってほしい。

1　教育の方法原理

　教育の方法をめぐって教師たちが日々研鑽を積んでいるのは，唯一の絶対的な教育方法が存在しないからであるといえる。そうしたなかで，先人たちの教育方法上の工夫と，それに対する理論的な反省を知ることは，教育方法を工夫していくうえで大いに参考になるものである。以下，これまでに提唱された代表的な教育の方法原理について述べていこう。

（1）コメニウスの直観教授

　そもそも人にものを教えようとするとき，どのような方法を用いればよいのか。この教授学的な問いに真正面から答えようとしたのが，コメニウス（J. A. Comenius 1592 - 1670）である。コメニウスは，その著書『大教授学』（1657）のなかで「あらゆる人にあらゆる事柄を教授する普遍的な技法」を確立しようと試みた。教育の方法を世界で初めて体系的に論じた彼は近代教授学の父と呼ばれている。

　彼のいう「あらゆる人にあらゆる事柄を教授する普遍的な技法」とは，事物そのものの観察によって知識を直観的に，合理的に，系統的に獲得することである。こうした彼の考え方は「直観教授」と呼ばれ，子どもが感覚を通して事物を客観的に認識することを重視するものである。

　このような認識のもと，視覚を通して事物の性質と言語を結びつけるために考案されたのが世界初の絵入り教科書『世界図絵』（1658）である。日本にも明治の初年には西洋の新教育運動のひとつとして「庶物指教」の方法が導入されているが，それはコメニウスの直観教授の原理を受け継いだものである。

（2）ルソーの自発学習の原理

　教育においてはできるだけ子どもの自発性を尊重すべきである。現在ではごく当たり前の考え方ではあるが，この「自発学習の原理」を提唱したのがルソー（J. J. Rousseau 1712 - 1778）である。それは当時，非常に新しい考え方であった。

　彼は，人間の生得的本性（自然）に絶対的価値を置き，その著書『エミール』（1762）で，大人は積極的に子どもに働きかけるのではなく，できるだけ子どもの内的な自然に即しながら学習を行うことが重要だと主張した。子どもを本来，善なる存在としてとらえ，「せくな，急ぐな，早まるな」，と外からの干渉や強制を否定した。ルソーの提唱した教育は「消極教育」と呼ばれる。教育は自然と事物と人間によって行われ，これら3つを調和させることが大切であり，そのためには自然による教育に，事物および人間による教育を合致させ

るべきであるとルソーは考えたのである。

（3）ペスタロッチの開発教授

ルソーの合自然原理をさらに発展させた人物，それがペスタロッチ（J.H. Pestalozzi 1746-1827）であった。

ペスタロッチは，子どもの「頭（知的能力）」「手（技術的能力）」「心（道徳的能力）」の調和的な発達をめざし，そのための教育方法（メトーデ）を打ち立てようとした。これが「開発教授」と呼ばれるものであり，子どもに生まれながらに備わっている諸能力を内側から発達させようとしたのである。

ペスタロッチは「数（いくつあるか）・形（どんな形か）・語（どう呼ばれているか）」が人間の認識の基本要素（直観の内実）であり，「数・形・語」を知ることによって，事物に対するあいまいな直観が明確化し，知識が概念として認識されると考えた。具体的には，「数」は加減乗除や分数など，「形」は測定や図画など，「語」は音声，単語および言語の指導などを意味する。

「開発教授」は「自助への援助」を方法原理とするものである。ルソーが人間の本質を善としたのに対し，ペスタロッチはノイホーフの貧民学校における自身の教育経験などからこれに疑問をいだき，人間には本質的に善も悪も根ざしているとして，自分に本来備わっている諸能力を引き出して自己形成を促す教育を「自助への援助」と呼んだ。なお，ペスタロッチの開発教授は高嶺秀夫によって明治の初めにはわが国に紹介された。

（4）フレーベルと自己活動の原理

ペスタロッチの開発教授をもとに，遊具による教育方法を提唱し，世界で最初に幼稚園を創設した人物がフレーベル（F.W.A. Fröbel 1782-1852）である。フレーベルは，実際にペスタロッチのもとを何度か訪ねており，思想的にも実

践的にもペスタロッチの直接的な影響を受けている。

　フレーベルの著書『人間の教育』(1826)によれば、人間は神性を内在させており、内在する神性はその人の自発的な活動や創造によって発現するという。したがって教育とは、子どもに内在する神性を開発することを意味する。つまり教育の課題は、年齢に応じて子どものもつ内発的自己活動を重視し、それを充実させることである。これがいわゆる「自己活動の原理」である。

　ただし、これは単に子どもに自由な学習活動をさせればそれでよいという意味ではない。むしろ子どもは勝手気ままに学習活動を行うべきではなく、子どもの学習活動にはある程度の管理や保護が必要である。こうした思想のもとで誕生した幼児のための保護的養育施設が幼稚園である。

　フレーベルは約20種類の遊具を考案したが、それは「恩物（神からの賜物）」と呼ばれる。球、円筒、立方体、積み木などである恩物は、事物認識の基礎的要素である「数」や「形」を備え、また大きさや色についての認識を高めるための工夫が施されている。フレーベルは、人間の成長は活動に始まり、活動を通して認識へと至るとした。

(5) ヘルバルト派の段階教授法

　教育の方法を考えるとき、どういう手順で教えていけば合理的な学習が進められるのか。この問題に答えるべく、教育の方法原理を教授段階論として体系化したのがヘルバルト（J.F. Herbart 1776-1841）である。彼は、その著書『一般教育学』(1806)のなかで、教育の目的を倫理学に、教育の方法を心理学に求め教育学を学問として確立しようと試みた。ヘルバルトもまたペスタロッチの思想と実践から大いなる刺激と影響を受けた人物であった。

　ヘルバルトは、教育を「教授」「訓育」「管理」の3つに分類した。「教授」とは、教師・子ども・教材の三要素からなり、知識や技能を習得し、理解を深めることをめざした知育の部分である。「訓育」とは、教師と子どもで構成され、「教授」によって与えられる知識と一致した道徳的品性を形成することに主眼を置いた徳育の部分である。「管理」とは、子どもの欲望を統制し、教授

や訓育を妨害する要因を取り除いて教室の秩序維持を図ることである。また実際の教育では「教授」が中心に位置づくが，「教授」と「訓育」が一体となった「教育的教授」が重要であると主張した。

こうした教授プロセスは，いわゆる段階教授法として体系化されている。ここでいう段階とは，①明瞭：対象を明確に認識する，②連合：対象の認識を関連づける，③系統：関連づけられた認識を体系化する，④方法：体系化された認識を他の認識に応用する，の4段階である。こうして「明瞭―連合―系統―方法」の四段階教授法が定式化されたのである。

その後，ヘルバルトによる段階教授法は，ヘルバルト派の教育学者たちに継承された。例えば，ツィラー（T. Ziller 1817-1882）は，ヘルバルトの「明瞭」の段階を2つに分け，「分析―総合―連合―系統―方法」の五段階教授法を発案した。また，ライン（W. Rein 1847-1929）は，ツィラーの5段階を「予備―提示―比較―総括―応用」へと変更した。具体的にいえば，①予備：子どもの学習動機を喚起する，②提示：子どもに新たな教材を提示する，③比較：すでに教えられた内容と新しい内容を比較する，④総括：教えられた内容を要約し，体系化する，⑤応用：体系化された内容を応用し定着をはかる，の5段階である。

学習活動では，学習目的と学習への興味とがうまくそのなかに内包されていなければならない。このことを教授理論のなかに位置づけたのがヘルバルト派であった。ラインの五段階教授法はわが国の授業構成にも多大な影響を与えている。明治期における授業の指導書の大半がラインの教授法に基づいて書かれていたといわれるし，今日の授業を思い起こしてみても同様の段階が踏まれていることに気づくだろう。

（6）デューイと児童中心主義

教育とは，教師による教え込みではなく，子どもが自分の興味関心に基づいて自発的に問題を見つけ，それを解決していくプロセスである。このように従来の注入主義的教育から，子どもの活動や興味を重視する「児童中心主義」の

教育へと発想の転換を行ったのがデューイ（J. Dewey 1859-1952）である。

　デューイは，教育のプロセスそのものが成長のプロセスであると考え，生活即教育の経験主義的教育論を提唱した。すなわち彼の考える教育とは，子どもとそれを取り巻く環境との相互作用において生じる経験が子どものなかで繰り返され，それが知識となっていくプロセスである。こうした彼の理論は，シカゴ大学の実験学校（デューイ・スクール）において実践が試みられ，その成果が著書『学校と社会』（1899）のなかにまとめられている。

▶ デューイ

　デューイは，従来の学問体系に即した教科の枠組みではなく，子どもの生活を単元とするカリキュラムを構成し，学習者が実生活の問題を解決していくプロセスを5段階の探究活動として提唱した。この探究活動は，①問題状況→②問題設定→③仮説→④推論→⑤仮説の検証，として定式化されており，生活単元学習や問題解決学習の理論的基盤となっている。また，彼は教育を民主主義の理想を実現する手段と考え，著書『民主主義と教育』（1916）では，教育による進歩的社会の構築を唱えた。

2　授業の計画と準備

　さて，教育の方法原理について基本的な理解が進んだところで，次は，実際に授業の計画を立て学習プロセスを考案する際のことをお話しよう。授業づくりで大きな役割をはたすのが学習指導案の作成である。以下，そのための具体的な手順とポイントについて詳述する。

(1) 学習指導案の作成

　学習指導案とは，1時間の授業をどう展開していくかについての具体的な指

導計画を示したものである（41頁を参照）。通常，学習指導案には，単元名，学習の主題，目標，授業の展開（教師と生徒の動き，資料）などの項目が含まれる。学習指導案の作成にあたり，主に注意すべきポイントは，次の２点に集約される。すなわち，①子どもに何を教えるか（教材研究），②どういう流れで教えるか（発問の組織化）である。

（2）教材研究（子どもに何を教えるか？）

　授業を計画し実施しようとするとき，授業者は通常まず教材研究を行い，何を教えるのかを明確にする必要がある。教材研究は教科書を中心に行われるが，教科等の特性や子どもの実態を踏まえた学習目標が設定され，学習内容が決定される。

　これら教材研究で重要なのは，「教科書〈で〉教える」という基本的な姿勢であろう。教科書に書いてある重要語句を児童・生徒に覚えさせればよいなどという低レベルのものでは，とてもまともな授業にはならない。教科書を中心とした各種教材（資料集，写真，百科事典，映像，標本）の内容，その他を切り口にしながら，子どもたちに考えさせる。授業者の「教えたいこと」が学習者にとっては「学びたいこと」になり，「できた」「理解した」という満足感をもたせるようにする。さらには背後にある複雑な現象や法則までをも主体的に学ぶように促す。これらが授業者であるあなたには求められているのである。

　学習指導案「南四国の野菜づくり」（41頁を参照）は，筆者作成のオリジナルな指導案であるが，その事例でいえば，「高知平野の農業が米の二期作から促成栽培へ変化したこと」を事実のレベルで教えるのか，あるいはその要因や社会背景も含めて教えるのか，さらに「高知平野の農業の転換」を事例に「農業形態の転換における一般的な条件や法則」まで教えるのか，これらを教材研究の段階でじっくり検討しなければならない。

　そのときに授業内容の深さを左右するのが，発問の形式である。例えば，「どのように──か？（How）」という発問をすれば，それがどうなっているかを調べるような学習となる。また「──とは何か？（What）」と発問すれば，

表3-1 学習指導案の例

(中学校第1学年社会科(地理的分野)1時間の授業展開)

1 単元名　中国・四国地方
2 主　題　南四国の野菜づくり
3 目　標　1) 農業形態の転換における一般的な条件を理解する。
　　　　　2) 高知平野の農業は、生産性が低く不安定な米の二期作から、高収入で安定した促成栽培へと変化したことを理解する。
　　　　　3) 地理学の学習方法・技能を習得する。
4 展　開

	指導者(発問・指示)	生徒(作業・反応)	資料
導入	SQ.1 高知平野の農業では現在、何をどんな方法で生産しているか？ SQ.1 昔は高知平野で何をどんな方法で生産していたのか？	SA.1 きゅうり，なす，ピーマン…。 夏の野菜。 促成栽培。 施設園芸農業，輸送園芸農業。 SA.1 稲作。 米の二期作。	教科書 地図帳 資料集
展開	MQ なぜ高知平野では、米の二期作から野菜の促成栽培へと転換したのか？		地図帳
	MQ.1 米をたくさん生産していたのに、なぜそれを出荷しても儲からなかったのか？ 　SQ.1 なぜうまくいかなくなったのか？ 　SQ.2 なぜ稲作では不安定なのか？ 　SQ.3 稲作が気象条件に左右されやすいのは、どの地域でも同じではないか？ 　SQ.4 なぜそもそも高知平野で二期作が始まったのか？ 　SQ.5 なぜ園芸農業に変えたのか？ 　SQ.6 なぜ農業生産が安定するのか？	①二期作がうまくいかなくなったから。 ②収穫量が不安定だから。 SA.1 コストがかかる(肥料など)。 労働力不足(都会へ流出)。 米価の統制(食管制度)。 SA.2 気象条件に左右されやすい。 SA.3 高知県は台風の銀座である。台風の被害を受けやすい。 SA.4 台風の被害を最小限に抑えるため。 SA.5 ビニルハウスで野菜を作る方が農業生産が安定するから。 SA.6 ①不時(促成・抑制)生産可能。ビニルハウスだから。 ②収穫量が多い。 ③気象条件を緩和できる。 ボイラー(暖房)が使える。	教科書 資料集
	MQ.2 なぜ夏野菜の促成栽培なのか？ 　SQ.1 なぜ夏野菜の促成栽培なのか？ 　SQ.2 なぜ儲かるのか？ 　　なぜ季節をずらすのか？ 　SQ.3 なぜ供給量が少なくなるのか？ 　　どうなっているのか？	SA.1 その方が儲かるから。 SA.2 野菜の需要の高い時期に、野菜の供給量が少ない為、野菜の値段は上がる(市場原理)。 SA.3 寒い時期には、野菜生産は南の温暖な地方に限られるから。	資料集
	MQ.3 なぜ高知平野では最初から園芸農業を始めなかったのか？ 　SQ.1 なぜ最初から園芸農業を始めなかったのか？	SA.1 ①生産設備が未発達だった。 ボイラーなどは昔はなかった。 ②交通の便が悪かったから。 航空網・高速道路網の発達。	資料集
まとめ	まとめ	MA 生産設備や交通網の発達により、米の二期作よりも、野菜の促成栽培の方が収穫も安定し、高価な値段で大市場に供給できるようになったため、高知平野では、米の二期作から野菜の促成栽培に転換していった。	

その対象の意味や役割を探るような学習となる。他方,「なぜ ── か？(Why)」という発問であれば，その現象とその背景にある要因や法則性を探求する学習となる。したがって，学習内容や教材の特性に応じて発問形式を選択することが授業づくりの鍵となってくる。

（3）発問の組織化（どういう流れで教えるか？）

　授業展開の基本的な流れとして,「導入→展開→まとめ」という流れがあり，これを踏まえて学習指導案が作成されるのが一般的である。「導入→展開→まとめ」のプロセスは，教師の動き（発問や指示）と生徒の動き（作業や反応）などの項目について時間配分を考えながら，時系列で示される。

　「導入」では，前時の学習を復習し，本時の学習内容に対する子どもの関心を高め，積極的な学習を促すことが大切である。すなわち，授業で教師が教えたい内容が子ども自身の学びたい内容になるように促すのである。したがって導入段階では，子どもにとって身近な出来事について話したり，写真や映像などを使って視覚的に示したりすることなどが行われる。しかし，この段階において最も重要なのは，本時の学習を貫く発問（MQ：メイン・クエスチョン）を明確に提示することである。また，MQは１時間の授業につき１つに限定したほうがよい。

　「展開」とは，導入で高められた学習内容への関心をもとに，子どもたちが自ら学習に取り組み，新しい知識を習得したり，思考を深めたりする段階である。ここでは特に，発問をどう組織化させるかがポイントとなる。実際，導入段階で明示されたMQをさらに具体的な発問（SQ：サブ・クエスチョン）に分類し，それぞれのSQに答えていくなかで最終的にMQの答えに至るような学習プロセスが展開できればよい。しかし同時に，子どもからの予想外の質問や回答にも臨機応変に対応できるような柔軟性のある展開が求められる。

　「まとめ」とは，子どもたちが学習活動を通して得られた知識や思考の深まりを確認する段階である。ここでは，とりわけ導入段階で明示されたMQに明確な答え（MA：メイン・アンサー）を提示するとともに，授業で扱いきれ

なかった課題や疑問点などを確認して，次の授業につなげることが大切である。

以上のような授業の流れを，先の学習指導案「南四国の野菜づくり」の事例に即して確認してみよう。指導案では，導入で「高知平野におけるいまと昔の農業生産と生産方法」について触れたうえで「MQ：なぜ高知平野では，米の二期作から野菜の促成栽培へと転換したのか？」が提示されている。そしてMQ はさらに「MQ. 1：米をたくさん生産していたのに，なぜそれを出荷しても儲からなかったのか？」，「MQ. 2：なぜ夏野菜の促成栽培なのか？」，「MQ. 3：なぜ高知平野では最初から園芸農業を始めなかったのか？」という3つの発問に分けられている。これら3つの発問は，それぞれさらにいくつかのSQに分けられている。これらのSQに答えることにより最終的には「MA：生産設備や交通網の発達により，米の二期作よりも，野菜の促成栽培の方が収穫も安定し，高価な値段で大市場に供給できるようになったため，高知平野では，米の二期作から野菜の促成栽培に転換していった。」という結論でまとめられている。

3　学習の形態

学習指導案における根幹部分，すなわち何をどういう流れで教えるのかについての基本計画が定まったいま，授業を行う教室空間をイメージしながら行うべきは，どういう学習形態で授業を進めていくかを考えることである。学習形態には大きく分けて一斉学習，グループ学習，個別学習がある。どの学習形態をどこでどのように用いるか。それを十分に検討しておかないとよい授業にはならない。以下，学習の形態について説明していこう。

(1) 一斉学習

一斉学習とは，ひとりの教師が多くの児童や生徒に同一の学習内容を効率よく伝達する学習形態である。一斉学習の特徴のひとつは，教師が多くの者を指導できるというその効率性にある。この効率性のおかげで，近代の学校教育は

急速に普及していったといえる。黒板を使った教師の講義や，テレビや映画の視聴覚教材の視聴などが典型的なものである。

　現在の一斉学習のルーツは，19世紀初めに開発されたモニトリアル・システム（助教法）にまで遡る。これは，多数の子どもを一斉に教えるため，学力の高い子どもを教師の補助者（モニター）として他の子どもの指導にあたらせる教育方法であり，イギリスのベル（A. Bell 1753-1832）とランカスター（J. Lancaster 1778-1838）によってほぼ同時期に提唱されたものである。この学習形態が考案された背景には，産業革命期に工場の労働力として必要とされた大量の労働者に対して，簡単な読み書き計算などの能力を効率的に教える必要性が生じてきたという事情がある。

　一斉学習は知識や技能を体系的に正確に伝達することができるため，特に授業開始時に学習への方向づけを行う「導入」の段階や，学習を総括し次の学習課題につなげる「まとめ」の段階で用いられる傾向にある。しかしその一方で，教師主体の教え込み中心の学習に陥りやすく子どもが受動的になってしまう，生徒が相互に協力しながら共同的な学習を行うことが難しくなってしまうといったデメリットもある。

（2）グループ学習

　生徒相互で協力しながら共同的な学習を行うには，グループ学習が最適である。学級内をいくつかの小集団に分けグループ単位で学習を進めていく学習形態がグループ学習であり，小集団学習とも呼ばれる。一般にわが国では小学校や中学校の学級内に「班」を編成しているが，授業においてこの「班」はグループ学習を行う単位としてしばしば用いられている。

　グループ学習の利点は，グループ内の子どもたち一人ひとりが学習活動に参加しやすくなるという点にある。学級全体に対して発言しにくい者でも，7～8名の班内でなら自分の意見を言いやすくなり主体的参加が期待できる。しかしデメリットもある。少人数である分，子どもたち相互の人間関係が班内で強く影響することもあるし，メンバー構成によっては一部の子どもに過剰な負担

を強いることもある。そこでグループ学習をより効果的なものにするためには，授業者はグループの人数，メンバー構成，リーダーの選定方法，グループ学習の時間，教師の役割を十分考えておく必要がある。

（3）個別学習

　子どもたち一人ひとりの能力や興味関心に応じた学習を促したい。そんなときには個別学習が効果的である。個別学習とは子どもの個人差に配慮しながら各自が個別に学んでいくという学習形態である。

　学校における個別学習とは，学級を単位とする一斉学習を認めた上で，それを補助する手段（例えば，早く共通の課題をやり終えた者が一定時間だけ自習するようなもの）として行われているものである。学校以外では，例えば一部の学習塾で間仕切りをした空間で完全に1対1の指導を行っていたり，学校の学年とは無関係に自分の学力に見合った問題に次々解答していくプリント学習を行ったりするタイプのものが存在する。

　ここでいう個別学習は，学級を単位とした一斉指導（学習）の画一性批判から，19世紀末以降試みられるようになったものである。したがって，個別学習は近代の学校の基本的な特徴である「一斉性」に対する一種のアンチテーゼであると見ることもできる。

　個別学習については様々なものが提案され，また実験的に行われてきた。例えばアメリカのパーカースト（H. Parkhurst 1887‒1973）は1920年にマサチューセッツ州ドルトンの中等学校でドルトンプランを行った。彼女は通常の学校のようにベルを鳴らして学習時間を区切ることをせず，時間割も採用しなかった。子どもたちは「主要教科群（国語・社会・数学・理科など）」を自分独自の興味や関心に応じて策定したアサインメント（学習計画表）に従って学習し，必要があれば各教科の教師に個別に相談した。

　20世紀も後半になると，様々な分野で技術革新は進み，教育においても各種の教育機器（ティーチング・マシンと呼ばれる）が用いられるようになった。こうした技術革新も学習の個別化を促した。「プログラム学習」と呼ばれるも

のはその中心的存在である。学習者ごとにきめ細かく学習をプログラム化し（学習内容，範囲，系列などを計画すること），教育機器を用いながら学習者が個人として学んでいく個別学習形態をとる「プログラム学習」は，教育工学の発展とあいまってアメリカで発展し，1970年代には日本にもさかんに紹介された。

　以上，3つの学習形態について述べた。今日，コンピュータの普及やライフスタイルの個人化傾向によって，家庭や塾など学校以外の場における学習の個別化は進みつつあるように思われる。しかし，そもそも近代の学校は集団での学習を基本とした教育機関であるし，特にわが国の場合は，教科等の学習面だけでなく，社会生活をきちんと営めるよう集団のなかで指導することに重きを置いている。その意味でも，一斉，グループ，個別という学習形態のそれぞれが有機的に機能するような授業計画が重要になってくる。

4　その他の教育手法

　時代や社会的環境は絶えず変化する。それに応じるかのように教育方法も新しいものが開発されている。なかには，学校以外の場で生まれたものが応用されるといった例もある。最後にそれを2つ紹介しておこう。

(1) プロジェクト・アドベンチャー

　プロジェクト・アドベンチャー（PA）は，グループでの冒険活動を通じて，チームワーク，信頼感，コミュニケーション能力，チャレンジ精神などを学び，他者理解と自己理解を進めて，個人の成長と人間関係の改善をめざす教育プログラムであり，アメリカから始まった新しい教育手法である。これは，冒険を伴う楽しいゲーム活動で，①ブリーフィング（導入・事前説明）→②アクティビティ（活動・実行）→③ディブリーフィング（振り返り）で構成され，このサイクルのなかで活動が展開される。そのエッセンスを学校の各種行事や学級

活動，ホームルームなどに採り入れている教師もいる。

　ゲーム活動はその目的によって，次の4種類に分かれる。すなわち，①アイスブレーカー：緊張を溶かし，うち解けた雰囲気をつくる（例：進化ジャンケンなど），②ディンヒビィタイザー：精神的抑制をとり，心を開放的にする（例：ゾンビ…目隠しを伴う協力ゲームなど），③トラスト：信頼関係を高める（例：目隠し鬼ごっこなど），④イニシアティブ：課題解決・コミュニケーション能力を高める（例：キーパンチ…番号順にエリアを踏んでいくチーム対抗ゲームなど）である。グループの目的や状態，利用可能な条件などによってゲームを選択し，実際のプログラムが行われる。

（2）危険予知トレーニング

　危険を察知し，回避することは多くの教育活動で求められるが，その危険を事前に学習者に擬似体験させることは，特に学習者が子どもである場合には適切ではない。そこでイラストや写真などを用いて危険を予知し，その絵のなかでどこに危険がありそうかを探り，実際の活動場面ではどのようにすべきかを考えるトレーニングが有効となる。このようなトレーニングを危険予知トレーニング（KYT）という。

　もともと危険予知トレーニングは，製造工場や工事現場の作業者たちが，作業をめぐる危険性の情報を共有することで，事前に予測できる事故や災害の発生を未然に防ぐために実施してきたものである。いわゆる「ひやりハットの経験」を活用することで，危険に敏感になるよう訓練するというものである。危険の予見可能性があったにもかかわらず必要な対策，指導等をしていなかったということになれば，教師など指導者の責任が問われることになる。子どもに限らず指導にあたる者が指導者としての立場から危険予知トレーニングを行うことも効果的である。

> **学習課題**
>
> (1) 本章内で紹介した人物の著書（訳書でよい）を読み，その人がその教育方法や方法の原理を提唱した理由について簡潔に記述してみよう。
> (2) 特定の児童・生徒（もしくは学生）を対象者として想定したうえで，実際に学習指導案を作成してみよう。その際，授業のどの部分でどの学習形態を採用するのが効果的かという点も検討してみよう。また，可能であれば上記学習指導案にもとづいて授業（模擬授業）を行い，その結果をもとに，授業を反省し，学習指導案を改善してみよう。
> (3) 特定の学習場面を設定し，それにふさわしいプロジェクト・アドベンチャー用のゲーム，もしくは危険予知トレーニング用のイラストを作ってみよう。

参考文献

天野正輝（1995）『教育方法の探求』晃洋書房。
梅根悟・長尾十三二編（1974）『教育学の名著12選』学陽書房。
佐藤学（1996）『教育方法学』岩波書店。
田代直人・佐々木司編著（2006）『教育の原理――教育学入門』ミネルヴァ書房。
諸澄敏之編著（2005）『みんなのPA系ゲーム243』杏林書院。

（卜部匡司）

第4章
教育課程の編成

　教育課程とは,「学校教育の目的や目標を達成するために, 教育内容を児童・生徒の心身の発達に応じて授業時間数との関連において総合的に組織した学校の教育計画」(文部科学省, 2008a：9) である。計画に基づかない活動では行き当たりばったりになり満足のいく成果をあげることは困難であろう。一年, 一学期, 一月といった期間のなかで, 何をどのような順序で学べば最も効果的であるのか。学校は充実した教育実践を行うべく綿密に教育課程を編成しているのである。
　本章では, 教育課程が学校でどのような視点や過程で編成されているのかについて具体的に学んでいく。現在, 児童・生徒の個性を伸ばし, 確かな学力や自己実現能力（生きる力）を育成していくことが重要な課題となっている。児童・生徒によりよい学習を保障するために学校や教師は何をすべきか, ということを念頭に置きつつ本章を読み進めてほしい。

1　わが国の教育課程編成の基本的視点

(1) 教育課程編成の法的規定
　教育課程は, それぞれの学校で編成することになっている。つまり, 教育課程の編成主体は学校にある。ただし, 学校教育は公的な性格を帯びているので, 教育水準を確保するために一定の法的基準に従う必要がある。
　教育課程を構成する基本的な要素は, 目標, 教科等の教育内容, その授業時間数とされており, それぞれに関して法的規定が設けられている。
① 教育目標について
　まず, わが国の教育のめざすべき方向を示した法的規定として重要なのは, 日本国憲法第26条である。そこには,「すべて国民は, 法律の定めるところに

より，その能力に応じて，ひとしく教育を受ける権利を有する」と規定されている。すなわち，この憲法第26条の規定により，教育を受けることがすべての国民の基本的権利であり，教育を通じて人格的に成長することが権利として保障されているわけである。

　さらに，教育基本法第1条には教育の目的，第2条には教育の目標，第5条の第2項には義務教育の目的がそれぞれ記されている。そして学校教育法には小学校や中学校，高等学校等，学校種別ごとの教育目的，目標及び義務教育の目標が示されている。

　例えば，小学校の教育目的は，学校教育法で「心身の発達に応じて，義務教育として行われる普通教育のうち基礎的なものを施すこと」こととされ，これを受けて「読書に親しませ，生活に必要な国語を正しく理解し，使用する基礎的な能力を養うこと」「生活に必要な数量的な関係を正しく理解し，処理する基礎的な能力を養うこと」などの3R's（reading, writing, arithmetic）の習得を含む，義務教育の目標を必要な程度において達成することが規定されている。

② 教科等の区分について

　教科等の教育内容やその授業時間数といった教育課程の具体的な基準の設定権限は文部科学大臣にあり，学校教育法施行規則により規定されている。

　同規則によると，小学校の教育内容は，「各教科（国語，社会，算数，理科，生活，音楽，図画工作，家庭，体育）」「道徳」「外国語活動」「総合的な学習の時間」「特別活動」によって構成されている。中学校は，「各教科（国語，社会，数学，理科，音楽，美術，保健体育，技術・家庭及び外国語）」「道徳」「総合的な学習の時間」「特別活動」で，高等学校は「各教科に属する科目」「総合的な学習の時間」「特別活動」で構成されている。

　上記のうち，「道徳」は小学校，中学校のみで設定されている。そもそも道徳教育は学校の教育活動全体を通じて行われるものであるが，義務教育段階においては，それだけでは不十分になりがちなため，道徳の時間を特設し，道徳教育を補充，深化，統合しようとしているのである。

　また，小学校の「生活」は，1，2学年を対象とし，具体的な活動や体験を

通して，自分と身近な社会や自然とのかかわりに関心をもち，自分自身や自らの生活について考えさせたり，生活上必要な習慣や技能を身に付けさせることで，自立への基礎を養うことがめざされている。

「外国語活動」は，2008（平成20）年に告示された学習指導要領のなかで小学校5，6学年を対象に新たに導入された。主に英語を通じて，言語や文化について体験的に理解を深め，積極的にコミュニケーションを図ろうとする態度の育成を図り，外国語の音声や基本的な表現に慣れ親しませながら，コミュニケーション能力の素地を養うことがねらいとされている。

③ 教科等の授業時間数について

次に，授業時間数の説明に移ろう。一例として，学校教育法施行規則第51条の別表第一を挙げる（表4-1）。ここには，小学校の各学年における各教科，道徳，外国語活動，総合的な学習の時間，特別活動等の授業時間数の標準並びに学年ごとの年間の総授業時間数が示されている。

これに基づき各学校は，教育課程全体のバランスを図りながら，各教科，道徳，外国語活動，総合的な学習の時間並びに特別活動の授業時間数を具体的に定めることになる。ちなみに，学習指導要領は，表4-1に定める授業時間数を35週（小学校1学年については34週）以上かけて実施することとしているので，仮に小学校3年生で年間35週にわたり授業を行う場合，社会は週2時間，道徳と特別活動は各週1時間授業を行うことになるのである。

④ 教科等の内容について

教科等の教育内容の具体的な基準は，学校教育法施行規則に基づき，文部科学大臣が告示する学習指導要領に示されている（詳しくは本章第2節を参照）。

また，公立学校は，その学校を設置する教育委員会が教育課程や教材の取扱いについて必要な事項を規定した教育委員会規則にも従わなければならない。さらに，各学校は，教育課程の編成にあたり，都道府県および市町村教育委員会策定の教育指針も踏まえる必要がある。

表4-1 学校教育法施行規則第51条別表第一（小学校）

区分		第1学年	第2学年	第3学年	第4学年	第5学年	第6学年
各教科の授業時間数	国語	306	315	245	245	175	175
	社会			70	90	100	105
	算数	136	175	175	175	175	175
	理科			90	105	105	105
	生活	102	105				
	音楽	68	70	60	60	50	50
	図画工作	68	70	60	60	50	50
	家庭					60	55
	体育	102	105	105	105	90	90
道徳の授業時数		34	35	35	35	35	35
外国語活動の授業時数						35	35
総合的な学習の時間の授業時数				70	70	70	70
特別活動の授業時数		34	35	35	35	35	35
総授業時数		850	910	945	980	980	980

（注）本表は，2011（平成23）年4月1日から適用される。

（2）児童・生徒の実態，親（保護者）の願い，地域の期待

　各学校は，前述の法規定を遵守しつつ，一方で，「児童・生徒の実態」「親の願い」「地域の期待」に配慮しつつ教育課程の編成を行う必要がある。

　まず，学校は「児童・生徒の実態」，すなわち，その学校の児童・生徒の学習に必要な前提条件の準備状態（レディネス）がどのようになっているかを把握しておかなければならない。具体的には，その学校の児童・生徒の①心身の成熟の度合い・発達段階，②すでに学習した知識とその定着の度合い，③体験の具体的内容と傾向，④趣味や興味・関心の傾向，⑤学習を進めるのに必要なスキル（観察，測定，分類，推論，予測等）の定着状況を事前に確認し，教育課程編成に生かすことが必要である（篠田編，1997：93-94）。

　次に，学校は，親との連携を深め，「親の願い」を考慮しなければならない。各学校は，自らの教育方針や特色ある教育活動，児童・生徒の状況等について

親に説明し，理解や協力を求めたり，教育計画や教育活動についての親の意見を的確に把握し，教育課程編成に生かすことが大切である。その際，親の願いを把握する機会として，PTA活動や保護者懇談会，三者面談等が考えられるが，学校評議員や学校運営協議会等の制度を活用することも有効であろう。

　最後に，学校を取り巻く「地域の期待」を十分考慮して教育課程を編成することも大切である。学校は地域社会を離れては存在し得ないものであり，児童・生徒は地域社会で様々な経験を重ねて成長しているからである。地域には，都市，農村，山村，漁村等生活条件や環境の違いがあり，産業，経済，文化等にそれぞれ特色をもっている。とりわけ，学校の教育目標や指導内容の選択にあたっては，地域の期待を考慮することが重要である。そのためには，地域の人々の意見や希望に耳を傾ける等，地域との意見交換を積極的に行い，それを十分分析し，検討した上で，教育課程に生かしていくようにしなければならない。また，地域にある近隣の学校，社会教育施設，児童・生徒の学習に協力できる人材等，地域の教育資源の実態を考慮し，それを生かした形で教育活動を計画することも必要である。

2　教育課程編成の基準としての学習指導要領

（1）学習指導要領における教育方針の変遷

　前述したように，教育課程の編成において学習指導要領は重要な基準である。その学習指導要領は，これまで学校を取り巻く状況に対応するために改訂が繰り返されてきた。そこで，簡単にこれまでの学習指導要領の変遷をみてみよう。

　わが国ではじめて学習指導要領が作成されたのは1947（昭和22）年のことである。アメリカのコース・オブ・スタディを参考にして『学習指導要領一般編（試案）』として公にされた。戦前の文部省を頂点とした中央集権的で画一的な教育課程編成に対する反省から，学習指導要領は教育現場の教師自身が適切な教育課程を編成するための「手引き」として位置づけられた。

　しかしその後，学習指導要領の性格は大きく変わることになる。1958（昭和

33)年(高等学校は1960〔昭和35〕年)の改訂で学習指導要領の全文が官報に告示され,教育課程の基準として法的拘束力をもつとされたのである。これに対して,教師の教育内容・方法上の職能的自由が主張され,教育課程の自主編成運動を展開しようとする動きもみられた。

1968(昭和43)～1970(昭和45)年にかけての改訂では,時代の進展に対応するため教育内容の系統性が重視され,いわゆる教育内容の現代化がはかられた。小学校から集合・関数等を導入する等,算数や理科等の分野に科学的成果が盛り込まれるとともに,「能力,適性」に応じた教育がめざされた。しかしその一方で,詰め込み教育との批判も厳しくなり,授業についていけない児童・生徒の増加等,深刻な教育問題が顕在化した。

そこで,1977(昭和52)年(高等学校は1978(昭和53)年)の改訂では,ゆとりある充実した学校生活の実現をねらいとして,教育内容の精選が行なわれ,「ゆとりの時間」という学校裁量時間が設けられた。

1989(平成元)年の改訂では,社会の変化に自ら対応できる豊かな人間の育成をねらいとして,基礎・基本の重視と個性を生かす教育の推進,自己教育力の育成等が基本方針とされた。

そして,1998(平成10)年12月(高等学校は1999〔平成11〕年3月)の改訂では,完全学校週5日制のもとで,各学校がゆとりのなかで特色ある教育を展開し,生徒に豊かな人間性や基礎・基本を身に付け,個性を生かし,自ら学び自ら考える力などの自己実現能力(生きる力)を培うことを基本的なねらいとして,①豊かな人間性や社会性,国際社会に生きる日本人としての自覚を育成すること,②自ら学び,自ら考える力を育成すること,③ゆとりのある教育を展開するなかで,基礎・基本の確実な定着を図り,個性を生かす教育を充実すること,④各学校が創意工夫を生かし特色ある教育,特色ある学校づくりを進めることの4点を基本的なねらいとした。

(2) 2008・2009年告示の学習指導要領の特色

2008(平成20)年1月には,中央教育審議会「幼稚園,小学校,中学校,高

等学校及び特別支援学校の学習指導要領の改善について（答申）」のなかで改訂の基本的方針が示された。これに基づき，幼稚園，小・中学校については，2008（平成20）年3月，高等学校，特別支援学校については，2009（平成21）年3月に改訂学習指導要領が告示された。

前出の中教審答申においては，OECDが「知識基盤社会」に必要な能力として定義した「キーコンピテンシー」の考え方，改正教育基本法及び学校教育法の一部改正によって明確にされた教育の基本理念，そしてPISAやTIMSSといった国際学力調査の結果ならびにわが国の全国学力・学習状況調査結果等を示しつつ，新学習指導要領においても引き続き自己実現能力（生きる力）の育成を重視していく方針が示された。

そして，改訂のポイントとして，①改正教育基本法等を踏まえた学習指導要領の改訂，②自己実現能力（生きる力）という理念の共有，③基礎的・基本的な知識・技能の習得，④思考力・判断力・表現力等の育成，⑤確かな学力を確立するために必要な授業時数の確保，⑥学習意欲の向上や学習習慣の確立，⑦豊かな心や健やかな体の育成のための指導の充実が挙げられている。

さらに，教育内容に関する主な改善事項としては，①言語活動の充実，②理数教育の充実，③伝統や文化に関する教育の充実，④道徳教育の充実，⑤体験活動の充実，⑥小学校段階における外国語活動の導入，⑦環境教育，家族と家庭に関する教育，食育，消費者教育，情報教育，特別支援教育など，新しい時代に対応した教育の充実が示されている。

また，授業時数については，中教審答申において，「確かな学力を確立するために必要な授業時数の確保」として，基礎的・基本的な知識・技能の習得とともに，それらを活用する学習活動を充実することができるよう，国語や算数等の必修教科の授業時数を確保することが必要であるとされた。そこでたとえば小学校では，国語，社会，算数，理科，体育の授業時数を6年間で約1割増加させ，週当たりの授業時数を1・2年生で週2時間，3〜6年生で週1時間増加させることになっている。一方で，総合的な学習の時間は，教科の知識・技能を活用する学習活動を各教科のなかで充実すること等を踏まえ，週1時間

程度縮減することになった。また、小学校5・6年生では、英語を中心とした「外国語活動」が週1時間新たに開設された。

改訂学習指導要領は、幼稚園については2009（平成21）年度から、小学校については2011（平成23）年度から、中学校については2012（平成24）年度から全面実施され、高等学校については2013（平成25）年度入学生から年次進行で実施し、特別支援学校については、幼稚園、小学校、中学校、高等学校それぞれの実施時期に準じて実施することとなっている。

また、これに先だって、文部科学省は、新しい教科書ができるまでの間、先行して実施できる内容については、2009（平成21）年度から実施することとしている。例えば、小・中学校については、道徳、総合的な学習の時間、特別活動は全面的に新学習指導要領の内容を学習することとし、算数・数学、理科も補助教材などを使って、新学習指導要領の内容を追加して学習することができるとし、小学校の外国語活動についても学校の実態に合わせて実施することが可能であるとされた。

（2）学習指導要領と教科書・補助教材

学校で使用される教材は、主たる教材としての教科書と補助教材の2つに大別される。もちろん、授業で主に活用する教材なら何でも教科書というわけでなく、文部科学大臣の検定を経たものまたは文部科学省が著作の名義を有するものでなければ教科書ではない。教科書検定とは、民間で著作編集され、検定申請された図書を文部科学大臣が審査することをいう。検定の基本方針は、その図書が①教育基本法、学校教育法の趣旨に合致しているか、②学習指導要領に示される教科の目標に一致しているか、③政治的、宗教的中立性が確保されているかである。

教科書は、検定の後、児童・生徒の使用に供されるまで、発行、採択及び給与の各段階を経ることになる。国は毎年度義務教育諸学校の児童・生徒が使用する教科書を購入し、設置者に無償で給付している。設置者は、その教科書を各学校の校長を通じて児童・生徒に給与しているのである。

教科書は，学習指導要領等にもとづき最も整えられた資料として教材化されたものであるため，普遍性があり，もちろん教材としての信頼性は高い。ただし，児童・生徒の興味・関心，理解度に個人差があり，さらに，学校をとりまく地域社会の状況が異なること等を考慮して，指導にあたっては児童・生徒の実態や地域の期待に即したものになるようにしなければならない。授業では，「教科書を教える」のではなく，「教科書で教える」ことが必要なのである。

　一方，補助教材とは，教科書以外の教材で有益適切なもののことである。副読本，ドリル，資料集等がこれにあたる。補助教材を使用する際は，教育委員会の承認もしくは届け出が必要と規定されている。しかし，教員が授業で日常的に使用する自作の簡単な教材や市販のドリルブック等は，多くの場合，各学校の校長の判断に任されている。

3　学校における教育課程編成の過程

（1）各学校における教育目標の設定

　各学校では，校長のリーダーシップのもとに教育目標の実現をめざし日々の教育活動が行われている。教育活動の円滑な推進のためには，学校の各種の施設・設備の保全，教職員の配置，教材・教具の用意等様々な条件整備がなされなければならない。教育課程の編成もこれら条件整備のひとつとして位置づけられる。教育課程の編成にあたっては，各学校はまず，達成すべき教育目標を設定し，明示する必要がある。

　図4-1は，宮崎大学教育文化学部附属中学校の事例を参考に教育目標と教育課程の関係を図示したものである。これをみると，各学校が設定した教育目標をもとに，さらに具体的な重点目標が明示されている。そして教育目標や重点目標に対応する形で，各教科，特別活動，総合的学習の時間，その他の領域で構成される教育課程が編成され，そして，そのそれぞれに指導計画が作成されるのである。なお，教育課程の編成に際しては，本章第1節において提示したように，日本国憲法，教育基本法，学校教育法，学校教育法施行規則，学習

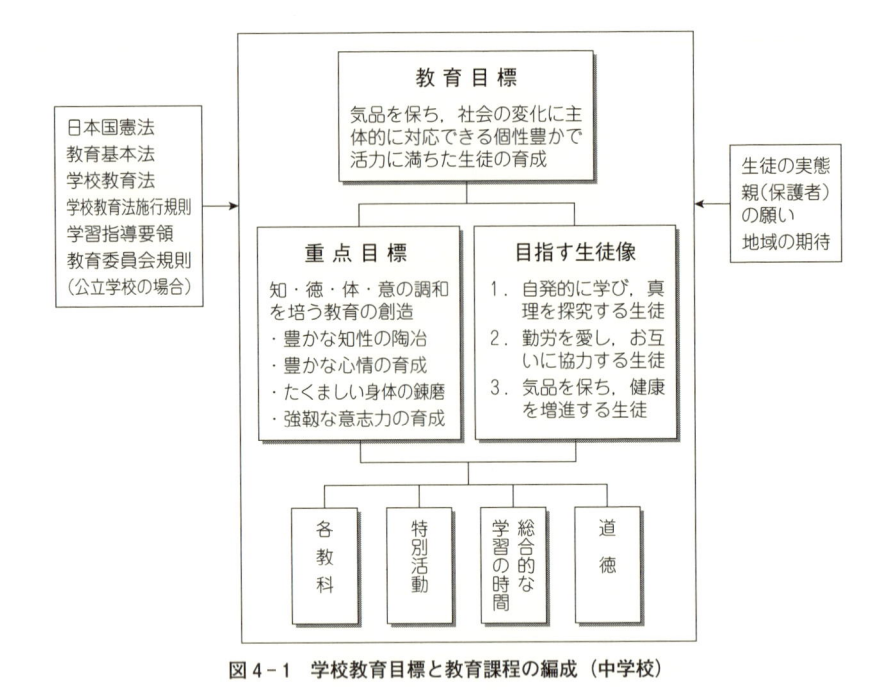

```
┌─────────────────────────────────────────────────────────┐
│                    ┌──────────────────┐                 │
│                    │    教育目標       │                 │
│                    │ 気品を保ち，社会の  │                 │
│ ┌──────────┐       │ 変化に主体的に対応 │   ┌──────────┐ │
│ │日本国憲法  │       │ できる個性豊かで   │   │生徒の実態 │ │
│ │教育基本法  │       │ 活力に満ちた生徒の │   │親(保護者) │ │
│ │学校教育法  │──→    │ 育成              │←──│の願い    │ │
│ │学校教育法施│       └──────────────────┘   │地域の期待 │ │
│ │行規則     │        ┌────────┐┌────────┐  └──────────┘ │
│ │学習指導要領│        │重点目標 ││目指す生徒像│            │
│ │教育委員会 │        │...      ││...       │            │
│ │規則      │         └────────┘└────────┘              │
│ │(公立学校の│                                            │
│ │場合)     │                                            │
│ └──────────┘   ┌──┐ ┌──┐ ┌──┐ ┌──┐                   │
│                │各│ │特│ │総│ │道│                    │
│                │教│ │別│ │合│ │徳│                    │
│                │科│ │活│ │的│ │  │                    │
│                │  │ │動│ │な│ │  │                    │
│                │  │ │  │ │学│ │  │                    │
│                │  │ │  │ │習│ │  │                    │
│                │  │ │  │ │の│ │  │                    │
│                │  │ │  │ │時│ │  │                    │
│                │  │ │  │ │間│ │  │                    │
│                └──┘ └──┘ └──┘ └──┘                     │
└─────────────────────────────────────────────────────────┘
```

図4-1　学校教育目標と教育課程の編成（中学校）

指導要領，教育委員会規則等の諸法令が基準として存在する。また，もう一方で，生徒の実態，親の願い，地域の期待を踏まえることも大切である。つまり，各学校の教育課程は，諸法令に従いつつも，それぞれの学校の児童・生徒の実態，親の願いや地域の期待とともに，それぞれの学校の教育観ないし教育理念を反映したものであり，その内容は決して画一的であってはならず，各学校の創意工夫が生かされたものでなければならない。

（2）教育課程の編成過程

次に，教育課程の具体的な編成過程について説明する。教育課程の「編成」というと，学校の教育課程を立案することととらえがちである。しかし，立案の前提には，これまでの教育課程の実施に対する評価が不可欠である。そこで，編成の過程は，Plan（計画）→ Do（実施）→ See（評価）→ Plan（計画）→

……というようにマネジメント・サイクルのプロセスとしてとらえなければならない。したがって，学校の規模等により違いはあるが，一般的には次のような手順になる。

① 前年度の教育課程の評価で明らかになった改善点を確認し，学校が現在直面している課題を明確にする。
② そうした課題や学校教育目標，重点目標，各教科，道徳（小・中学校），特別活動の目標を踏まえて，各教科，道徳，特別活動の指導内容の選択と組織，総合的な学習の時間の学習課題を設定する。
③ 全体計画や年間指導計画を作成する等，指導計画を具体的に立案していく。
④ 学習指導要領に示された，指導計画における基本事項や留意事項を踏まえて，立案された教育課程の具体的な実施方法を明確にする。
⑤ 教育課程の評価の対象，観点や方法を検討する。そして，評価の結果を具体的な改善方策と結びつける手順を確立する。

（3）指導計画の事例

ここでは，指導計画の具体例として年間指導計画を取り上げる。年間指導計画は，学年別に，教科や領域ごとに作成される。

表4-2は，宮崎大学教育文化学部附属中学校第1学年の総合的な学習の時間の年間指導計画である。年間指導計画作成にあたってはまず，学校教育目標や重点目標・めざす生徒像を受けて，学習指導要領等の法令を遵守しつつ，生徒の実態，親の願い，地域の期待を踏まえ，総合的な学習の時間のねらいと学習課題が決定される。

この学校では，総合的な学習の時間において，社会に生きる一市民として身につけておかなければならない問題をテーマとして，その問題への取組みを切り口として対象の広がりを自分で意識して活用する態度や方法を育むため，教科の学習で身に付けた力をもとにそれを複合的・横断的に活用して問題の解決に取り組む学習活動を展開することにより自己実現能力（生きる力）の育成をめざすことをねらいとしている。

表4-2 総合的な学習の時間の年間指導計画の例（中学校第1学年）

時期	単元 (時間数)	学習内容 学習活動	評価の観点 評価規準
4月 5月	気づく (3単位時間)	オリエンテーション 「ふるさと探訪」を知ろう	目的をもってテーマを決めることができたか
6月 7月	つかむ (7単位時間)	学習の進め方について学ぼう テーマを検討し，これからの活動計画を立てよう 20テーマごとの仮説と視点の確認	夏休みの調査活動の事前準備を計画的に行うことができたか
9月 10月	求める (6単位時間)	夏休みに個別に調査した内容を各学級でテーマ別でまとめたレポートを各4分程度で発表していく 他の人の意見やアドバイスを取り入れて補足調査等がないか検討する	入手した情報を整理活用することができたか ねばり強く課題を追究しているか
11月 12月	まとめる (7単位時間)	報告書をまとめよう 活動報告書を完成し，報告会の準備をしよう テーマ別グループでポスターセッションの準備をしよう 〈以下，省略〉	調査のまとめをわかりやすく伝えることができたか

　こうした総合的な学習のねらいを踏まえて，学習課題として，「ふるさと探訪」「地球環境」「社会福祉」が設定され，年間教育計画が策定される。年間指導計画は，4月から3月までの当該年度の1年間を見通した具体的な指導計画であり，各学習課題のもつ学習内容の特性や総合的な学習の時間に配当された総授業時間数をにらみながら，それぞれの学習課題にかける配当時間が決められ，指導内容が明示されている。一例として，表4-2に，第1学年の「ふるさと探訪」の年間指導計画を示す。この活動は，ふるさと宮崎を媒体にしながら幅広い視点でものごとをとらえていくことでふるさとみやざきを大切にしていく態度や方法・生き方を身に付けることを通して，教科の枠内だけでは解決できないような課題に取り組む活動の基礎的基本的学習技能や学び方を身に付ける学習である。年間指導計画は，問題設定，探求活動，探求の成果の社会への還元という一連の流れで構成され，問題解決的な学習の仕方を学べるように配慮されている。

このように，個々の学校は，授業時数を確保し，児童・生徒に基礎・基本を確実に習得させ，それを活用できるような確かな学力や自己実現能力（生きる力）を着実に身に付けさせることが期待されているといえる。その意味で，各学校がいかなる教育課程を編成するかが非常に重要であり，そのためにも教員の専門職としての資質の向上や校長のリーダーシップが強く求められているといえよう。

学習課題

(1) みなさんが卒業した小学校，中学校，高等学校は，今，どのような目標を立ていかなる教育課程を編成しているか。育てようとしている児童・生徒像はどのようなものか。ホームページなどを参照しながら調べてみよう。

(2) 新学習指導要領では，確かな学力の確立が掲げられている。あなたなら，そのためにどのような取り組みが有効だと考えるだろうか。具体的な取り組みを根拠を示しながら提案してみよう。

(3) 仮にあなたが本書を用いて大学生等を対象に授業を行うなら，あなたはどのような教育課程を編成するだろうか。授業を行う立場から内容や順序などを考えてみよう。

参考文献

天野正輝編（1999）『教育課程　重要用語300の基礎知識』明治図書。
岡本徹・佐々木司編（2009）『新しい時代の教育制度と経営』ミネルヴァ書房。
篠田弘編（1997）『新訂　資料でみる教育学』福村出版。
田代直人編（2003）『生涯学習時代の教育と法規』ミネルヴァ書房。
田代直人・佐々木司編（2006）『教育の原理——教育学入門』ミネルヴァ書房。
文部科学省（2008a）『小学校学習指導要領解説　総則編』東洋館出版。
文部科学省（2008b）『中学校学習指導要領解説　総則編』ぎょうせい。

（住岡敏弘）

第5章
進路指導と生徒指導の基本的とらえ方

　進路指導とは，中学校・高等学校の3年生の秋に進学先や就職先を決めるためだけのものであろうか。生徒指導はどうか。それは専ら児童・生徒の問題行動への取り組みのみを指すものであろうか。

　進路指導と生徒指導は学校教育において関連の深い指導分野である。本章では，このような進路指導と生徒指導は本来どのような考え方に基づいて進められるべきか，を中心に考えてみたいと思う。

1　進路指導の基本的とらえ方

(1) 進路指導の重要性

　周知のようにニート（Not in Education, Employment or Training）問題が深刻化している。総務省の調査によれば，ニート（この場合は，「若年無業者」を指している）の数は実に60万人（平成25年）に上っているのである（内閣府『子ども若者白書』平成26年版，39頁）。ニートを若年層たる15～34歳と設定したうえでの数字であることから，この人数規模の大きさは少子高齢化現象とも相俟って，わが国にとって重大な社会問題といわねばならないであろう。必要とされる生産（物の生産に限定されない広義の概念）とそのための労働の分担である職業は，社会の維持発展にとって不可欠である。よって，多数の若年層の人々が職業に就けず，働かなかったり，あるいは働けなくなったら，どういう事態になるか。なお付言すれば，職業は社会の維持発展にとって不可欠であるばかりでなく，若年層を含むすべての人間にとって「権利と義務」の観点から正当に位置づけられねばならない。

　ニート現象の要因は多面的にとらえられねばならないが，その要因の一つと

して教育，とりわけ学校教育のあり方が問われねばならない。従来のような知識偏重型の学校教育では，子どもたちにニート問題の要因と関わる働くことの意味や生き方を考えさせ，その職業観・勤労観の形成に資する力とはなり得ないであろう。

　ニート問題はここでは象徴的な事象として取り上げたが，そもそも学校教育の役割は何であろうか。第1章でも指摘したが，学校教育の主なねらいは自立した社会人を育成していくための準備教育・基礎教育を推進することにある。自立した社会人の基本的要件の一つが経済的自立であり，それは賃金を得，生計の維持を可能とする職業に従事することを意味する。ところで，職業の意義は社会人としての基本的要件たる経済的自立に見出されるが，それだけにとどまるものではない。すなわち，職業は，それを通して人々がそれぞれの個性に応じた自己実現を図っていくとの視点から位置づけられ，意味づけられねばならない。そしてそれは人々の人生・生活そのもののあり方と深く関わるものであると理解されよう。学校教育はこのような職業の意義に十分着目し，自立した社会人育成のための準備教育・基礎教育にあたらねばならないのである。

　このような「職業」を前面にすえた学校教育のねらいは，その全教育活動を通して達成されねばならないが，殊に進路指導の果たすべき役割が重要である。進路指導は正に進路や職業の問題を中核とする「生き方指導」を担うものであるからだ。

　以下，この進路指導の概念規定やそのポイントといった基本的事項について説明していこう。

（2）進路指導の概念規定とそのポイント

　まず「進路指導とは何か」の確認が必要であろう。そのために概念規定の典型的事例から紹介してみよう。日本進路指導学会（現在は「日本キャリア教育学会」に改称）は，「学校における進路指導は，在学青少年がみずから，学校教育の各段階における自己と進路に関する探索的・体験的活動を通じて自己の生き方と職業の世界への知見を広め，進路に関する発達課題と主体的に取り組

む能力,態度等を養い,それによって,自己の人生設計のもとに,進路を選択・実現し,さらに卒業後のキャリアにおいて,自己実現を図ることができるよう,教師が,学校の教育活動全体を通して,体系的,計画的,継続的に指導援助する過程である」(1987年の「学校教育における定義」)と規定している(藤本, 1991:15-16)。

　このような概念規定からそのポイントを幾つか整理してみよう。
① 進路指導は,例えば中学校3年生の秋ごろになってどの高等学校に進学するか,あるいはどの会社に就職したいかといったことだけの指導である,との誤解が一部に見られるように思う。しかし,上記の概念規定からは,そうでないことがわかるであろう。すなわち,進路指導は学校生活全般を通して計画的・継続的に推進されねばならないのである。
② 先の概念規定から示唆されるように,進路指導は単なる「適材適所」主義的な原理に基づくものでもない。ちなみに,進路指導のプロトタイプ(原型)ともいうべき職業指導の礎石形成に大きく貢献したパーソンズ(F. Parsons)は,その著書『職業の選択』(1909年)において,「適性・能力などに応じた職業選択」を強調している(田代, 1995:168-169)。しかし,彼はそれだけでよいとしたわけではなく,職業指導の究極のねらいは"革新的な市民の育成"に求められるとしているのである。この点に関して,彼は「もし人がそのあらゆる市民的権利,特典,義務及び責任を十分自覚した有能な市民でないならば,……ビジネスにおいていかに成功しようとも,どんなにお金を儲けようとも,産業界でどのように誠実で効果的であっても,大したことではない。……あなたは有能な労働者であると同時に立派な市民でなければならない」(田代, 1995:178)と述べている。この点,興味深く思えるのではないだろうか。
③ 進路指導は「生涯における職業生活」を視野に入れたものでなければならないとしている点である。このような考え方は,スーパー(D.E. Super)の「職業的発達論」からも学ぶことができる。この論では,職業生活の各段階(成長段階―探索段階―確立段階―維持段階―下降段階)とそれに対応する発達課題を提示し,職業問題を一生の過程としてとらえている。しかも,それは

人々が自己概念を形成し，これを実現していくプロセスとして，つまり生涯にわたる職業的自己実現の過程としてとらえられているのである（仙崎他，2000：48-50；市川他，1989：95-100）。進路指導は単に進学させたり，就職させればよいというわけではなく，その後の職業生活を，ひいては全生活・人生を，自己実現の観点からどう主体的に豊かに過ごしていくかとの観点から推進されねばならないと思う。

（3）キャリア教育の推進

　児童・生徒の進路指導と深く関わって，今日わが国においてその充実が急務とされるのがキャリア教育（career education）である。以下，このキャリア教育について簡単に紹介してみよう。

　キャリア教育はアメリカ連邦教育局長官を勤めたマーランド（S.P. Marland, Jr.）が，1971年に提唱したものである。これを受けて，連邦教育局は「キャリア教育とは，初等教育・中等教育・高等教育・成人教育の諸段階で，それぞれの発達段階に応じ，キャリアに入り進歩するように準備する組織的，総合的教育である」と概念規定している（仙崎・野々村，1979：12-13；日本大学通信教育部，1994：390-391）。

　この教育の特色は，自己実現の観点からそれぞれの個人が職業観・勤労観を形成し，豊かな職業生活に備える力量を身に付けさせることにあると考えられる。その際，指導の柱の一つが啓発的な体験学習である。社会見学や就業体験（インターンシップ），あるいは社会人・職業人の講話や彼らへのインタビューなどである。人の働く姿を観察したり，実際に仕事をやってみたり，関係者から直に話を聞いたりといった主体的な体験活動を通して，思考力，判断力，洞察力，観察力などの自己実現能力が高まるとともに，職業観・勤労観の形成とそれとも深く関わる自己理解や職業理解の深化，さらには進路・職業選択能力の向上などが期待されるところである。

　しかも注目したい点は，進路・職業の問題は中学校と高等学校のみではなく，小学校（幼稚園を視野に入れたケースも見られる）から指導していこうとする

ところにある。進路指導は一般的には中学校・高等学校に限定して考えられてきたが，自己理解や職業理解を基本とする職業観や勤労観はそれらに先立つ学校段階である小学校時代から次第に形成されていくものであり，キャリア教育におけるこのようなシステムは妥当であると判断されよう。

ちなみに，「進路指導」と「キャリア教育」との関係については，文部科学省『キャリア教育の推進に関する総合的調査研究協力者会議報告書』(2004年)において，両者の定義・概念に大きな差異は見られず，「進路指導の取組は，キャリア教育の中核をなすということができる。……学校における全体活動がキャリア発達への支援という視点を明確に意識して展開される時，従来の進路指導に比べ，より広範な活動がキャリア教育の取組として展開できる」と整理されている。

今後，「進路指導」を「キャリア教育」として発展的にとらえ直すべきかどうかが，検討されねばならないであろう。

2 生徒指導の基本的とらえ方

(1) 生徒指導の本質

生徒指導は，すべての生徒を対象とした人格の発達と個性の伸長を支援することを究極のねらいとしている。そしてその特色は生徒の現在の生活に即した具体的・実際的な指導に求められる。また学校教育活動全体で展開される総合的機能でもある。さらに教師と生徒との直接的な人間関係のなかで展開されるところにも，その特色を見出すことができる。

なお，生徒指導の「生徒」の用語には「児童」も含まれることを指摘しておきたい。

(2) 生徒指導の目的

生徒指導の目的は大きく2つある。「自己指導能力」の育成と「社会性」の育成である。「自己指導能力」とは，自己実現を図れるように生徒自らに目標

を確立させ，その目標の達成に向けて自己を主体的に方向づける能力のことである。自己指導能力の育成には，生徒の自律性，自発性，自主性を育むことが求められる。それとともに自己理解と自己受容を深め，自己の経験の意識化と望ましいあるべき自己に向けての自己概念の修正・再構築が図られなければならない。生徒が自己指導能力を獲得する過程は，自己の向上と成長のプロセスそのものであるといってもよいだろう。

一方「社会性」とは，生徒が集団及び社会のなかで他者との共存・共生を図りながら活動しようとする性質のことである。学校には，生徒自らが倫理観や正義感などの社会的資質，社会的行動力を涵養していくことを促すことが求められている。社会性の育成には，社会の変化や生活環境の変化に伴って著しく低減していると考えられる「公共の精神」，「規範意識」を育むことも欠かせない。規範意識の育成にあたっては，社会で求められる道徳，公共の場でのルールやマナー，規律や秩序といったものを学校生活の場で摂取・体現させることが肝要である。

生徒指導を通じて，生徒一人ひとりのなかに「自己指導能力」と「社会性」が身に付いていくことが望ましいわけだが，その際，規範意識の基準を明確に示し，それを内面化させることも大切である。その上で些細な問題も見逃さずに「ダメなものはダメ」と毅然とした態度で粘り強く徹底的に指導することが求められる。

そこで重要な役割を果たすのが校則である。校則というと，単に守るべき学校の規則のように思うかもしれないが，自己指導能力と社会性を身に付けていくための一種の「教材」ととらえることができる。それゆえ校則は，社会常識，社会良識に見合ったものでなければならず，同時に，それを遵守することで規範意識を高め社会性を育んでいけるだけの存在でなければならない。

（3）生徒指導の進め方
① 生徒指導の形態

生徒指導の形態としては，個別指導と集団指導が挙げられる。個別指導とは，

教師が生徒と一対一で向き合って,じっくりと時間をかけて行う指導であり,その主要なものの一つに教育相談がある。また問題行動を起こした生徒に対しての改善指導についても個別指導が行われる。その場合には,教師と生徒が必ずしも一対一の関係ではなく,複数の教師が一人の生徒に対応することもある。改善指導においては,毅然とした態度により,小さな問題も見過ごさずに確実に注意・指導をし,問題を解決していくという,粘り強く,地道な指導としての「段階的指導」も有効である。

　他方,集団指導は学級やホームルーム,学年集会,全体集会などで行う指導である。そこでは集団の力を利用する場合や,外部講師を招いての講話教育,あるいは講習会の開催などのケースが考えられる。学級やホームルームでの担任教師による集団指導では,望ましい集団活動のなかで生徒の社会的自己指導能力を高めていくことが求められるのであり,担任教師が生徒一人ひとりと信頼関係を構築し,学級ないしホームルームを経営する手腕も必要とされる。

② 生徒指導の領域

　生徒指導は,学校教育活動全体を通じて行われるものであり,その主要な領域として,学業指導,個人的適応指導,道徳性指導,社会性・公民性指導,余暇指導,健康安全指導などが挙げられる。

　学業指導は,学習意欲・態度の形成のための説明や,入学時や進級時あるいは学期初めにおける教科目・単位・クラブ選択等のオリエンテーションなどである。学業指導では,教師が自らの生徒時代の勉学の取り組みを語り,また学習指導の重要性を説明し,生徒に夢や希望を実現するための志を立てさせる役割も果たす。

　個人的適応指導とは,生徒それぞれが,個人の学校生活及び社会生活で直面している環境との間において円滑な相互作用を展開し,それによって環境との適応が図れるように企図された指導である。

　道徳性指導とは,他の生徒に対する思いやりの気持を育み,またクラス全体で何かを成し遂げ,感動を味わったり,公共のエチケットやマナーについて考えさせ,それを実践させるような指導であり,主要には学級・ホームルームの

活動において行われる。

　社会性・公民性指導とは，生徒に社会の一員としての責任を自覚させ，自律と協調の精神を学ばせ，公衆道徳を形成させていくための指導であり，集団や社会の一員としてのあり方の指導であり，学級・ホームルーム活動や集団宿泊学習・体育祭などの学校行事を通して行われる。

　道徳性指導や社会性・公民性指導は，「公共の精神」および「規範意識」の育成が求められる今日，生徒指導において特に重点が置かれる指導である。

　余暇指導とは，放課後や休日を有効に過ごす態度と能力を形成し獲得するための指導である。自由な時間を有効に使うために行われる指導である。

　健康安全指導とは，生徒が心身ともに健康で，しかも安全な状況の下に学校生活および社会生活を送れることをねらいとする指導である。安全・安心な学校生活のため，今日では生徒に危機対処能力を育む防犯指導等も含まれる。

③　生徒指導の方法

〈生徒理解〉

　生徒指導にあたっては，「はじめに生徒理解ありき」といわれるように，生徒を理解した上での生徒指導が求められる。教育科学の知見・技術と実践に裏付けられた発達段階に応じた生徒理解能力は，「教育のプロ」としての教師にとって不可欠である。

　生徒理解は大きく診断的理解と共感的理解とに分けられる。診断的理解は，生徒に関する資料の収集・分析や各種心理テストの活用等に求められる。適切に生徒理解に関する情報を収集することが必要であり，生徒に対して感性を高め，またコミュニケーションのチャンネルをもっていることが大切である。診断的理解の方法としては，観察法（条件付きの観察，条件を付けない観察）や面接法（調査面接法，相談面接法，集団面接法等），検査法（知能検査，学力検査，性格検査，適性検査など），あるいは質問紙や生徒の作文・感想文などの分析が挙げられる。生徒理解には，ちょっとした生徒のしぐさ，言動等からも生徒の内面の変化をとらえることができる観察力や洞察力が求められる。そのため，精神分析や交流分析等の技法を習得することも有用である。

共感的理解とは，生徒の論理で，生徒の枠組みで，生徒の立場で生徒を理解することである。わが国では，アメリカの心理学者であるロジャーズ（C.R. Rogers）が非指示的（来談者中心の）カウンセリング理論のなかで展開している「受容」の理論に見られる共感的理解が学校現場で広く受け入れられており，カウンセリングを行う上での必要な姿勢や態度としてのカウンセリング・マインドとして昇華されている。

〈指導方法の類型〉

　次に指導方法の類型について考えてみよう。この点については開発的指導，問題解決的指導，治療的矯正的指導，予防的指導などが挙げられる。以下，これらに関して紹介しておこう。

ⅰ）開発的指導

　開発的指導とは，生徒の個性と発達段階に応じた指導である。生徒一人ひとりの可能性を信じ，生徒に内在する個性を価値として高め，それを引き出し，自己実現を支援する指導である。生徒の内面に夢や希望の実現につながる確固たる目標としての志を立てさせ，その実現に向けて，生徒を導く指導である。

ⅱ）問題解決的指導

　問題解決的指導については，正に生徒が直面する生活上の諸問題の解決を支援する指導であると説明されよう。このような指導においては，生徒が自ら主体的に問題解決できるように教師は支援することを基本とするが，時としては教師が直接的に問題解決に乗り出すことも必要とされる。

ⅲ）治療的・矯正的指導

　治療的指導とは，カウンセリングの手法を活用しながら，一人ひとりの生徒としっかり向き合って，信頼関係を基盤に，心のケアを中心に展開される指導である。教師が一人ひとりの生徒に対し，傾聴の姿勢や待つ姿勢でしっかりと受容することが肝要である。

　矯正的指導は生徒の逸脱行為に対する指導を意味する。このような指導を進めるにあたって，教師は毅然とした態度で生徒に接し，小さいことも見逃さず注意する段階的指導が，今日改めて重視されている。

iv）予防的指導

生徒の問題行動を未然に防ぐ活動を予防的指導という。これは危機管理（risk management）の予防的措置に関する指導であるとも理解される。生徒に対して「公共の精神」や「規範意識」の醸成を促すことにより、非行等の逸脱行為を防ぎたいものである。

（4）生徒指導の諸問題

生徒指導上の諸問題は幅広い。なかでも「いじめ」「不登校」「暴力行為」の3つは学校病理と呼ばれることもあり、その件数も少なくない。文部科学省は、毎年、児童・生徒の問題行動等を調査している。「児童生徒の問題行動等生徒指導上の諸問題に関する調査」という名称の調査から3つの問題行動をみていこう。なお、ここではあえていじめ等の件数は紹介しない。文部科学省のホームページ（ウェブサイト）などにアクセスして、確認してみてほしい。

さて同調査では、学校の内外を問わず、児童・生徒が一定の人間関係にある者から心理的、物理的な攻撃を受けたことで精神的な苦痛を感じているものを「いじめ」としている。具体的な「いじめ」のかたちとしては「冷やかし」や「からかい」が多いのだが、本人が精神的苦痛を感じる行為は「いじめ」と見なしうるとされる。この考え方は一般にも共有されてきていると思われるが、特に教職を志す者はしっかり認識しておく必要がある。いじめ問題に関しては、とにかく早期発見・早期対応が求められる。そのため教師には、児童・生徒の日々の様子を観察し、些細な変化も見逃さないという姿勢と感性が求められる。

「不登校」とは、「病気」や「経済的理由」を除き、何らかの心理的、情緒的、身体的、あるいは社会的要因・背景により、児童・生徒が登校しない、あるいはしたくてもできない状況をいう。同調査では、こうした理由で年間30日以上欠席している児童・生徒の数が調べられ公表されている。教員はカウンセリング・マインドを十分にもって、不登校の児童・生徒に接していく必要がある。

「暴力行為」は、同調査においては、「対教師暴力」「生徒間暴力」「対人暴

力」(対教師暴力, 生徒間暴力を除く), 学校の施設・設備等の「器物損壊」の4つに分類され, 発生件数等が調べられている。例えば, 教師の胸ぐらをつかんだ, 中学3年の生徒と同じ中学校の1年の生徒がささいなことでけんかをして一方が怪我をした, 金品を奪うことを計画して通行人に怪我を負わせた, トイレのドアを故意に損傷させた, といったことが該当する。暴力行為が発生した場合, 行為の種類と程度にもよるが, 教師は毅然たる態度でそれに向き合う必要がある。それと同時に, 安全確保や他の教職員への連絡など, 何をどのようにすればよいのかを瞬時に判断し行動する冷静さを身に付けておかねばならない。

以上3つを含む生徒指導上の諸問題を解決していくためには, 教師としての使命感や教育愛を基盤とした, 粘り強くかつ段階的な改善指導を行っていく必要がある。生徒指導にこそ, 教師という職業の大変さと素晴らしさが同居しているといっても過言ではあるまい。ただし教師は孤独ではないし, また孤独であってはいけない。孤独な教師がいる学校は, 教師にとっても児童・生徒にとっても楽しい場所ではない。組織的な教育活動を行う学校は, 生徒指導部を中心とした全教職員による連携・協働体制をとることで生徒指導を効果的に推進しようとしているのである。

3 進路指導・生徒指導の推進体制

これまで進路指導と生徒指導の基本的考え方やポイント等を中心に論じてきたが, 次にそれらの指導を推進していく組織体制について概説しよう。

(1) 教師の人間力

最初に, 指導に当たる一人ひとりの教師の資質——「人間力」の問題に触れることとする。進路指導・生徒指導は, つきつめれば教師の人格と子どものそれとが直接的にぶつかり合い, 展開されていくものであり, 教師の人格・人間性の及ぼす影響は大きい。教師による子どもに対する指導性が発揮される前提

としては，子どもが教師の人格・人間性から影響を受け，指導を受け入れる心の状態ができていることが求められる。そのためにも教師は自らを開示し，自らを語り，子どもを受容する姿勢・態度を確立することが大切である。

「教育は人にあり」といわれるが，この格言は殊に進路指導・生徒指導上，意味深いものである。進路指導・生徒指導の課題は，これらの指導を担当する学級（ホームルーム）担任など教師の人間的・専門的資質を向上させること，換言すれば教師の「人間力」を高めることにあると思う。

(2) 学校の指導体制づくり

進路指導・生徒指導が十分実りあるものとなるためには，一人ひとりの教師の「人間力」に加えて，学校において適切な指導体制づくりが重要である。

進路指導・生徒指導を推進していく上で重要な役割を果たすのが，進路指導主事であり，生徒指導主事である。これらの主事は共に中学校，高等学校，中等教育学校および特別支援学校の中学部・高等部には必置のポストであり，指導教諭または教諭をもってこれに充てられることとなっている。進路指導主事の職務は「校長の監督を受け，生徒の職業選択の指導その他の進路の指導に関する事項をつかさどり，当該事項について連絡調整及び指導，助言に当たる」（学校教育法施行規則第71条）と規定されている。他方，生徒指導主事に関しては「校長の監督を受け，生徒指導に関する事項をつかさどり，当該事項について連絡調整及び指導，助言に当たる」（学校教育法施行規則第70条）と職務規定がなされている。これらの法規定から進路指導主事および生徒指導主事は，校長の監督下にあって，共に学校全体の進路指導・生徒指導の経営面における実質的・具体的な推進役であると理解されよう。

学校における進路指導・生徒指導経営の推進に当たっては，上記のようなポストの他に進路指導部（課）や生徒指導部（課）といった名称の校務分掌組織が見られる。各学校の実情等を勘案して設定される，これらの校務分掌組織の果たす役割も大きい。

ところで，進路指導や生徒指導を進めていく上で，深刻な問題が生ずること

がある。その際は学級（ホームルーム）担任など個々の関係教師だけが問題を抱え込み，かえって事態を悪化させるようなことは避けなければならない。校長のリーダーシップのもとに，進路指導主事や生徒指導主事などと協働しつつ，事に当たることが求められる。このような「学校は教職員の協働の場だ」という精神風土・マネジメントマインドをいかに醸成し，浸透させていくかが，学校の指導体制の充実にあたっての課題であるといえよう。

（3）家庭・地域社会との連携

　進路指導や生徒指導は学校によって主体的に推進されねばならないが，学校だけの力量や努力には限界があり，決して十全とはいえないと思う。学校には家庭や地域社会との連携が要請される。

　家庭は子どもの生活の場であり，彼らは一般的には親（保護者）と共に暮らしている。したがって，親は子どもの観察者であり，彼らの希望や生活実態を理解している。また，子どもの生育歴も知っている。このような親の子ども理解の成果は，進路指導・生徒指導の計画に十分生かされるべきである。すなわち，指導の効果を高めるためには，親の進路指導・生徒指導経営への参加が望まれる。

　進路指導における就業体験（インターンシップ）などの体験学習においては，地域の企業や公的機関などの協力が不可欠である。また，生徒指導では児童相談所，教育センター，大学の心理教育相談所，警察などの機関と連携し，その協力を求める必要があろう。

　学校が実りある進路指導や生徒指導を展開していくにあたって，正に家庭や地域に開かれた学校づくりが一層必要とされよう。

> **学習課題**
>
> (1) キャリア教育の推進と「総合的な学習の時間」との関連について検討してみよう。
> (2) 生徒指導の推進と特別活動（例えば集団宿泊学習）との関連について検討してみよう。
> (3) 進路指導と生徒指導の組織的機能的対応について検討してみよう。

参考文献

市川典義他（1989）『職業生活の心理——進路選択とその指導』学術図書出版社。
上寺康司（2002）『増補改訂版　現代教師に求められる人間的資質』クオリティ出版。
嶋崎政男（2007）『生徒指導の新しい視座——ゼロトレランスで学校は何をなすべきか』ぎょうせい。
国分康孝（1987）『学校カウンセリングの基本問題』誠信書房。
国立教育政策研究所生徒指導研究センター（2008）『生徒指導資料第3集　規範意識を育む生徒指導体制——小学校・中学校・高等学校の実践事例22から学ぶ』東洋館出版。
仙崎武他編（2000）『入門　進路指導・相談』福村出版。
仙崎武・野々村新編（1979）『最新進路指導概論』福村出版。
田代直人（1995）『米国職業教育・職業指導政策の展開——中等教育改造期を中心として』風間書房。
日本大学通信教育部編（1994）『職業指導』。
藤本喜八（1991）『進路指導論』恒星社厚生閣。
文部省（1981）『生徒指導の手引き』大蔵省印刷局。
文部科学省（2009）『教育委員会月報』2月号。
八尾坂修（2008）『学校改革の課題とリーダーの挑戦』ぎょうせい。

（田代直人・上寺康司）

第6章
特別活動のねらいと指導計画

　　特別活動は，教育課程（カリキュラム）を構成する領域の一つとして，子ども同士や教員との人間関係のなかで社会的・内面的な発達を図るといった教育的な意義をもっている。特に，近年は，少子化に伴う子ども集団の縮小などが進み，家庭や地域における集団活動の生活経験が乏しくなりがちであり，そうした機会を提供できる特別活動の意義がますます重要になっているといえる。

　　しかし，特別活動の指導は，教科書などによって教育内容が明確にされている各教科に比べて，どのように行ったらよいのかイメージしにくいのではないだろうか。読者のみなさんには，特別活動が教育課程上に位置づけられた活動であることを自覚し，意図的・組織的に実施するための計画を具体的なイメージをもって立案できるよう，自身の経験を振り返りながら考えていただきたい。

1　特別活動の目標

　中学校における特別活動の目標は，学習指導要領により，「望ましい集団活動を通して，心身の調和のとれた発達と個性の伸長を図り，集団や社会の一員としてよりよい生活や人間関係を築こうとする自主的，実践的な態度を育てるとともに，人間としての生き方についての自覚を深め，自己を生かす能力を養う」とされている。この目標は，児童・生徒の発達段階に応じた記述の相違が一部に認められるものの，小学校と高校についても同様である。

　この目標から，特別活動の基本的な性格として次の3点を指摘することができる。第1に，特別活動は，望ましい集団活動のなかで行われるということである。児童・生徒は，学級（ホームルーム），学年及び学校等といった多様な

集団に所属し，そこでの人間関係や体験を通じて，自らを律しつつ，他人とともに協調し，他人を思いやる心や感動する心などの豊かな人間性を形づくっていく。また，児童・生徒が，所属する集団の目標を共有し，民主的に運営していくことにより，人間関係を含めた集団での生活を向上させていく。したがって，望ましい集団活動の形成は，それ自体が特別活動の目標であると同時に，その目標を達成するための方法原理でもある。

　第2に，特別活動は，児童・生徒の個性を伸長することが重視されている。一般に個性とは，他人とは異なる能力や特性と理解される。しかし，他人に対する暴力やいじめなど社会のルールを逸脱した行動が個性的と評されないように，所属する集団のなかで周囲と協調することができて，はじめて他人と異なる能力や特性が個性として受け入れられる。つまり，特別活動において育成される個性は，あくまで集団のなかで相対的に明らかとなる，他人と異なる「良さ」であることに留意しなければならない。

　第3に，特別活動は，とりわけ中・高等学校において，生徒に集団のなかで自己を生かす機会を提供するものである。人間は，自己の能力・可能性や自分らしさを発揮する自己実現への欲求をもっている。個人の自己実現は，人間が常に特定の社会の構成員として生活する存在であるため，その社会で支持される価値との相関によってのみ達成される。特別活動は，望ましい集団のなかで，生徒ひとりひとりが自らの役割をもち，それが他人や所属する集団に役立っていることを自覚する経験を意図的に作り出そうとする活動といえる。

2　特別活動の内容とその基本的性格

　学習指導要領は，特別活動の内容として，学級活動（ホームルーム活動），生徒会活動（児童会活動），学校行事，クラブ活動（小学校）を示している。

(1) 学級活動（ホームルーム活動）

　学級活動は，学校における児童・生徒の基礎的な生活集団である学級を単位

とした活動であり，他の特別活動の基礎となるものである。学年制をとる小・中学校では，学級は，そのまま教科指導（授業）を受ける学習集団となる。これに対して，学年制に単位制を併用する高等学校では，必ずしも生活集団と学習集団が一致しないことから，ホームルームと称されている。

学級活動では，児童・生徒の人間関係を構築するための機会が意図的に提供され，学校生活への適応が図られる必要がある。児童・生徒にとって，学級は，同年齢の者と出会い，生涯を通じた友人・仲間をつくっていく場となる。そのためには，学級内の組織づくりや仕事の分担処理など，学級や学校の生活の向上・充実にむけた活動に共同で取り組むことが有効と考えられる。

また，学級活動では，児童・生徒が当面する諸問題に対応するための活動が行われる。児童・生徒は，青少年期に特有の不安や悩みを抱えており，その解決には，同様の不安や悩みを抱える仲間や人生の先輩である教員の存在が大きな支えとなる。こうした人間関係を前提として，児童・生徒の将来の生き方，適切な進路選択，心身ともに健康で安全な生活態度・習慣の形成などに向けた学級活動が可能となるのである。

さらに，学級活動では，児童・生徒の健康な生活態度の育成に資する活動が行われる。学級は，児童・生徒の出欠の把握，学校生活に関する連絡・調整，家庭との連携など，児童・生徒の円滑な学校生活に必要な活動が行われる場である。こうした活動は，主として学級担任の教員が，朝夕に設定された5〜10分間の時間を利用して担当する。非常に短い時間とはいえ，日常的に積み重ねられていくだけに，児童・生徒との信頼関係の醸成という意味できわめて重要である。そうして培われた信頼関係が，他の特別活動や各教科の学習活動に大きな影響を及ぼす学級の雰囲気を作り出していくことに留意しなければならない。

（2）生徒会活動（児童会活動）

生徒会は，すべての児童・生徒が所属する組織である。具体的には，生徒会長などの役員からなる執行部のほかに，通常，生徒会の審議・決定機関である

生徒総会や代表者会議，生徒会の活動を日常的に分担執行する各種委員会などの組織が設けられている。さらに，生徒会による組織的な活動の事前には，学級（ホームルーム）で関連する問題についての討議が行われ，生徒会活動に児童・生徒一人ひとりの意見が反映されるような体制となっているのが一般的である。そうすることによって，児童・生徒が，学校に対する所属感や連帯感を高め，学校生活の充実や改善向上を図る諸活動に主体的・自発的に参加する環境を作り出し，その学校独自の「校風」を醸成していくことにつながる。

　また，上記のような生徒会の組織は，国や地方の政治・行政体制を模したものである。特に，執行部の役員は，「選挙」で決定されることが多い。これは，生徒会活動が，民主主義社会の形成者として必要な自治的精神を育成し，公民的資質を体得する機会ととらえられているためである。したがって，執行部の役員選挙では，児童・生徒に「誰が役員になっても同じ」というムードが広がるようではいけない。教員は，児童・生徒に役員選挙を通じて自らの学校生活が充実・改善向上する体験をさせることが求められる。

　たとえば，沖縄県の南風原町立南星中学校では，「学校をもっと楽しくしたい」と小学校低学年ごろまで給食に出ていた「あげパン復活」を公約に掲げて当選した生徒会副会長が，周囲の協力を得ながら地域の行政を動かし，あげパン給食を実現したケースがあった（琉球新報2004年4月23日）。注目されるのは，南星中学校の教員が，この生徒が掲げた公約を真摯に受け止め，その実現にむけて全面的に協力した点である。南星中学校の生徒にとって，あげパン給食は，自らの選挙行動によって実現した学校生活の充実・改善向上の具体的な成果であり，教員は，こうした体験が生徒の公民的資質の体得に大きな意義をもつことを十分に理解し，支援したといえる。

　こうした教員の児童・生徒を支援する姿勢は，生徒の諸活動についての連絡調整に関する活動，学校行事への協力に関する活動，ボランティア活動など，生徒会の活動全般に対する指導においても同様に求められる。

(3) 学校行事

　学校行事は，学校または学年を単位として行われ，日常の学校生活に秩序と変化をもたらすものであることから，児童・生徒にとっては，非常に印象深く，卒業後も学校生活の思い出として長く記憶していることも多い。学習指導要領によれば，学校行事の内容は，儀式的行事，文化的行事，健康安全・体育的行事，旅行・集団宿泊的行事，勤労生産・奉仕的行事の5種に分けられる。これらは，学校や地域及び児童・生徒の実態に応じて重点化されるとともに，行事間の関連や統合を図るなど精選して実施されることが望ましい。さらに，実施にあたっては，幼児，高齢者，障害のある人々などとの触れ合い，自然体験や社会体験などを充実するよう工夫することが求められる。

① 儀式的行事としては，入学式，卒業式，始業式，終業式など，新しい生活にむけての第一歩を踏み出すための動機付けを図るような活動が挙げられる。こうした儀式的行事を実施するにあたっては，その意義や目標を児童・生徒に理解させる指導を行った上で，厳粛で清新な雰囲気をつくり出すことが必要である。学習指導要領には，「入学式や卒業式などにおいては，その意義を踏まえ，国旗を掲揚するとともに，国歌を斉唱するよう指導する」ことが記されているが，これは，児童・生徒が，国旗掲揚・国歌斉唱によって厳粛で清新な気分になることを前提としている点に注意しなければならない。

　こうした儀式的な行事は，小・中・高等学校以外の学校でも行われている。たとえば，看護学校においては，これから本格的に看護の道に進もうとする学生がナースキャップ（男性はコサージュなど）を戴く戴帽式（たいぼうしき）が行われる。そして，電気の消された暗い式場で一人ひとりにローソクの炎が分け与えられていく。山口県立衛生看護学院では，病院実習を前にした学生の戴帽式をナイチンゲールが生まれた5月12日に全学生・教職員で執り行っている。近年では戴帽式を行わない看護学校もあるが，学生が看護への誓いを立て自覚と決意を新たにする機会はキャリア教育の一環としても大きな意味をもつといえる。

② 文化的行事としては，文化祭，合唱コンクール，作品発表会（展覧会）など，平素の学習活動の成果を発表し，その向上の意欲を一層高めるような活動

が挙げられる。児童・生徒間の良好な人間関係の形成や主体的・自発的な行動が期待される一方で，例えば，文化祭の催し物の企画が，模擬店など児童・生徒の楽しさや実利のみを追求したものばかりになるようではいけない。教員が児童・生徒とともに活動し，信頼関係を構築していくなかで，あくまで平素の学習活動の成果を反映したものとなるよう指導することが大切である。

③ 健康安全・体育的行事としては，健康診断，避難訓練，交通安全指導，薬物乱用防止指導，体育大会，球技大会などが挙げられる。

健康診断や避難訓練などは，学校保健安全法や消防法の規定に基づくものであるが，その他の特別活動，各教科，道徳などの内容との関連を図りながら，児童・生徒が，心身の健全な発達や健康の保持増進などについての理解を深め，安全な行動や規律ある集団行動を体得できるように指導しなければならない。

体育大会や球技大会などは，児童・生徒の運動に親しむ態度の育成や体力の向上を図るだけにとどまらず，規律ある集団行動の体得や責任感・連帯感の涵養に役立つ活動となるよう配慮しなければならない。体育大会や球技大会の計画立案にあたっては，次の3点に注意する必要がある。

第1に，どのように競技対抗のチームを編成するかである。学年や学級の枠を離れた縦割りのチームを編成すれば，上級生と下級生の間に尊敬・愛情の念を生じさせ，同じ学校に学ぶ仲間としての連帯感を高めることが期待できる。逆に，学年や学級ごとのチーム編成とすれば，日常の学校生活の結束が強まることによって，その後の各教科などの学習にも良い影響が及ぶことが期待される。教員には，児童・生徒の発達段階や学校規模などの諸条件を踏まえながら，より適切なチーム編成を行うことが求められるのである。

第2に，どのように競技・演技種目の選定や大会運営上の仕事分担を行うかである。これらは，大会の盛り上がりを決定づける大きな要因といえるが，それだけに，児童・生徒の主体的・自発的な参加が得られるようにするのが望ましい。その際，生徒会の執行部や委員会などに加え，編成されたチームと協力していくことが重要であろう。特に，競技・演技種目については，そのうちのいくつかを編成されたチームの話し合いを通じて選定することで，児童・生徒

が責任をもって行事に参加することを助長すると考えられる。

　第3に，家庭を含めた地域との関係をどうするかである。大会で流される音楽やアナウンスは，騒音となる場合があり，学校近隣の住民や施設等の利用者に配慮する必要がある。地域の理解を得るための方策として，保護者や地域住民などが参加する競技・演技種目を設けることが考えられる。ただし，その際も，様々な事情で参加できない（または参加したくない）保護者や地域住民がいることや，学校行事としての教育的意義を高めるために，幼児，高齢者，障害のある人々などと触れ合う機会となるように工夫することが求められる。

④　旅行・集団宿泊的行事としては，遠足，修学旅行，宿泊研修などが挙げられる。平素と異なる学校外において，児童・生徒が，主体的・自発的に自然や文化と親しむ体験ができるだけでなく，積極的に集団と関わることによって，集団生活の在り方や公衆道徳などについての望ましい体験を積む機会として重要である。それだけに，行き先や行程の決定にあたっては，児童・生徒の発達段階や学習状況を考慮しつつ，教員が，より高い教育効果が得られるよう計画することが重要となる。

　例えば，北海道札幌篠路（しのろ）高等学校では，教員の話し合いによって，3泊4日の修学旅行の行き先が沖縄に決定された。これは，修学旅行が，単なる「物見遊山」的な観光旅行にならないよう，平和学習の一環として位置づけられたためである。これを踏まえ，修学旅行の事前には，日本史や政治経済の授業で沖縄についての壁新聞を作る学習などが行われ，ひめゆりの塔などの見学に明確な問題意識をもって臨むことができるような指導がなされている。さらには，修学旅行の事後学習として，学校祭で沖縄の基地問題や平和の尊さをテーマとした展示を行うよう指導するなど，生徒の継続的な平和学習を助長するための配慮がなされているといえる。

⑤　勤労生産・奉仕的行事としては，全校美化運動，上級学校や職場の見学，地域への奉仕活動やボランティア活動など，勤労の尊さや創造することの喜びを体得し，職業観の形成や進路の選択決定などに資する体験が得られるような活動が挙げられる。フリーターやニートの増加といった社会背景から，学校に

は，社会の形成者として必要な職業観や勤労観，さらには社会奉仕の精神を養うことが強く求められている。その実現のためには，いかに児童・生徒の主体的・自発的な行動を引き出すかが課題であり，勤労生産・奉仕的行事の事前・事後指導を積極的に行うことが大切である。また，勤労生産・奉仕的行事を実践する場や方法など学校だけでの計画が難しい場合も多いことから，日頃から家庭や地域との協力関係を構築しておくことが必要といえる。

（4）クラブ活動

クラブ活動は，現在では，小学校のみに設定されている内容である。クラブは，主として第4学年以上の児童の興味・関心に応じて，学級や学年の枠を越えて組織される集団であり，日頃とは違ったタテの人間関係を構築することができる機会となる。教員は，学校や地域の実態等を考慮しつつ，児童の興味・関心を踏まえ，適切なクラブ活動を計画・実施しなければならない。

ところで，中・高等学校では，クラブ活動に類似した活動として，放課後等に行われる部活動がある。クラブ活動と部活動の違いは，前者がすべての生徒を対象とした教育課程に位置づけられるのに対し，後者が希望者を対象とした教育課程外の活動である点である。もともと中・高等学校でもクラブ活動が設定されていたが，学校の施設・設備の問題や学校週5日制の導入に伴う教育内容の厳選などの観点から廃止されたと考えられる。したがって，部活動の指導に際しては，クラブ活動の趣旨を十分に踏まえた上で，「勝利至上主義」や「成果主義」に陥らないようにしなければならない。また，部活動が教育課程外の活動であることから，担当教員の配置や予算など，解決すべき学校運営上の問題も多いことに留意する必要がある。

3 特別活動の指導計画

（1）特別活動の指導原理

特別活動の指導にあたっては，その目標を達成するための方法原理として，

次の3つが考えられる。
① 集団指導の方法原理

　特別活動は，学級，学年及び学校だけに留まらず，その内容に応じて，それらを横断的または縦断的に編成した多様な集団によって行われる。児童・生徒は，こうした集団に重複して所属し，それぞれの集団で所属感や連帯感を高め，相互理解を深めていくことが期待される。そのためには，集団が民主的に運営されていくことが絶対条件であり，所属している児童・生徒が，各自に積極的な役割を与えられ，自らの有用性を感じることが大切である。

② 個性伸長の方法原理

　個性は，あくまで集団のなかで相対的に明らかとなる，他人と異なる「良さ」である。児童・生徒は，質の高い集団のなかで生活経験を積み重ねることによって，自己理解を進め，集団からの要請に応える自己に対する認識を上方修正していく。特に，所属する集団が，目的を共有する仲間によって構成されている場合には，その集団がもつ雰囲気に同化し，安心感を抱くことによって，それを支えに児童・生徒の一層の個性伸長が期待できるようになる。

③ 体験優先の方法原理

　特別活動は，教育課程に位置づけられた領域として，その目標達成のために教員が十分に検討・計画したものでなければならないが，実施段階においては，児童・生徒の主体的・自発的な活動が中心となる。そこでは，まずは直接的な体験・生活経験を積むことによって，児童・生徒の人格形成に資する好ましい人間関係を醸成していくことが重視される。

（2）指導計画のあり方

　特別活動の指導計画においては，ガイダンスの機能を充実するよう配慮することが求められる。ガイダンスとは，児童・生徒一人ひとりの自己実現を支援する教育活動全般のことであり，その働きとして，(1)児童・生徒が自らの個性等を自覚するための援助，(2)児童・生徒が自ら判断・決定する際に必要な情報の提供，(3)カウンセリング（教育相談）による児童・生徒の意思の方向づけ，

(4)児童・生徒の意思決定に基づく行動計画に対する援助などが挙げられる。

　特別活動は，児童・生徒の主体的・自発的な活動が中心となるものである。その際，児童・生徒は，特別活動を展開する過程において，教員に受容される経験を通して自己理解を深めていくことになる。一方の教員は，児童・生徒の話をよく聞き，その行動を可能な限り支持することによって，児童・生徒との間に信頼関係を築いていく。特別活動の指導では，教員の受容的な態度が，ガイダンスの機能を充実するための前提となることに留意しなければならない。

　特別活動の指導計画の作成にあたっては，「生きる力」を育む言語活動の充実を図る観点から，実際に行った体験活動などを振り返り，気づいたことをまとめたり，発表し合ったりする活動を重視することが求められる。また，児童・生徒の豊かな人間性や社会性を育成する観点から，学校の創意工夫を生かすとともに，学校の実態や児童・生徒の発達段階を考慮し，教員の適切な指導のもとに児童・生徒による自主的・実践的な活動が助長されなければならない。さらに，集団や社会の一員としての公民的資質を育成する観点から，家庭や地域の人々との連携，社会教育施設等の活用などを工夫することが求められる。

　北海道乙部町立乙部中学校では，毎年，学級活動の年間指導計画が学年別に作成される。そこでは，月ごとのねらいが設定され，それを達成するための題材・内容が列挙されている。表6-1の年間指導計画は，ある年の2年生を対象としたものであるが，生徒会活動や学校行事と関連する題材・内容に加えて，生徒の自己理解や進路選択に関わるものが目立っている。これは，中学校2年生が，新しい学校生活に慣れる必要がある1年生や高校受験を控えた3年生と異なり，自らの生き方や自己を生かす能力について，じっくり考えることができる時期ととらえられているためである。生徒の置かれている状況や発達段階を十分に考慮した年間指導計画の作成が大切といえる。

　また，指導計画の実現には，各学校が，各教科，道徳及び総合的な学習の時間などの指導との関連を強く意識し，より意図的・組織的・総合的な指導計画を作成・実施していくことが必要である。

表6-1　学級活動年間指導計画（2年生）

北海道乙部町立乙部中学校

月	主な行事	ねらい	題材	内容
4	始業式 入学式 身体測定 学力テスト	二年生の自覚	・二年生になって ・学級の目標づくり ・学級の組織づくり ・健康と安全	・二年生としての決意作文 ・より良い学級の目標づくり ・係，委員，当番等の組織づくり ・健康診断の結果と健康管理の理解
5	生徒総会 体育祭 各種検診	意欲的な学校生活	・生徒会への参加 ・体育祭の準備と参加	・生徒会活動の意義と活動・内容 ・体育祭の意義，実施要綱の理解 ・体育祭への積極的な参加
6	少年の主張 各種検定 期末テスト	意欲的に学習に取り組む	・家庭学習の見直し ・自己理解 ・学級生活の改善	・安全に対する意識の向上 ・自分の個性や特色の理解 ・学級の問題点と改善点
7	中体連大会 避難訓練 漢字コンクール	一学期の反省と夏休みの計画	・一学期の反省 ・安全な判断と行動，避難訓練 ・夏休みの計画	・一学期の反省と二学期の課題 ・適切な判断と行動，訓練の理解 ・無理のない計画の立案
8	学力テスト 校内マラソン大会 宿泊研修	二学期の心構え	・夏休みを振り返って ・球技大会の計画・参加 ・私の将来	・夏休みの反省と二学期の決意発表 ・望ましい人間関係づくり ・進路計画の必要性
9	生徒会役員選挙	学校生活の改善	・係活動，委員会活動の見直し	・リーダーとしての責任と協力の自覚 ・生徒会への関心，役員選出
10	文化祭 職場体験学習 生徒総会	意欲的に学習に取り組む	・文化祭の準備と参加 ・職業に対する理解 ・家庭学習の見直し ・上級学校の理解 ・食に関する指導	・文化祭への積極的な参加と学級の団結 ・職業の正しい見方などの理解 ・自主学習の大切さの理解 ・上級学校の制度と特色の理解 ・部活動と栄養
11	学力テスト 校内球技大会 期末テスト	健全な生活態度を身につける	・安全指導と避難訓練 ・交通安全 ・青少年の身体と心 ・友人関係	・適切な判断と行動，訓練の理解 ・交通ルール遵守の意識向上 ・自分の心と体の理解 ・本当の友情についての理解
12	全校柔道大会 計算コンクール クリスマス 福祉活動	二学期を振り返る	・二学期の反省 ・流感の予防 ・冬休みの生活	・自分と学級の成果の確認と反省 ・冬の健康管理と流感の予防理解 ・冬休みの目標と計画立案
1	各種検定 レク集会 英単語コンクール	希望に満ちた生活	・新年の抱負 ・適性と進路	・新年の抱負 ・個性と適性の理解
2	学力テスト	けじめのある生活	・悩みと相談 ・明るい家庭 ・基礎学力の充実	・誰にでも悩みがあることの理解 ・家族が協力する過程のあり方 ・学習方法の確認と反省
3	期末テスト 予餞会 卒業式	新しい学年に向けて	・学級の重大ニュース ・進級への心構え ・予餞会への積極的な参加 ・春休みの過ごし方	・学級の一年間のまとめと反省 ・最上級生としての心構え ・卒業生を祝福する気持ちで企画，運営，参加 ・規則正しい生活の大切さの理解

4　特別活動の評価

　特別活動は，学校の創意工夫を生かした計画・展開が期待されていることから，評価に際しては，学校ごとに観点を定めて行う必要がある。

　具体的には，第1に，特別活動を行う単位である学級，学年および学校が，より望ましい集団として発達したかという点である。そこでは，集団の目標に対する児童・生徒の関わり方，目標の達成度，児童・生徒の活動への参加，人間関係などが評価項目となる。第2に，集団を構成する児童・生徒が，いかに個人として成長したかという点である。集団での活動において，児童・生徒一人ひとりが，自発性，協調性，責任感，リーダーシップなどの資質・能力を，どのように形成・変化させたかについて把握する個人内評価が必要である。第3に，学校が，組織として，有効な特別活動を計画・実施できたかという点である。学校全体としての特別活動の目標等について全校的な共通理解が得られているか，特別活動の指導計画が教育課程に明確に位置づけられているか，特別活動の運営・評価体制が適切であるかなどが評価項目として挙げられる。

　すでに述べたとおり，特別活動は，学習指導要領で明示された学校教育の一領域として，教育課程上に位置づけられる意図的・組織的な教育活動である。こうした特別活動の指導をより適切なものとするには，各教科などと同じく，その実践過程やある時点での結果を反省・評価し，それを踏まえた修正を施していかなければならない。教員は，そのことを十分に確認し，特別活動の目標達成にむけた計画の改善を継続していく必要がある。

> **学習課題**
>
> (1) 自分たちが小・中・高等学校で受けてきた特別活動について，教育目標と照らし合わせて振り返り，その意味や問題点を書き出してみよう。
> (2) 各教科，道徳及び総合的な学習の時間などの指導と結びついた特別活動の内容には，どのようなものが考えられるか話し合ってみよう。
> (3) 特別活動が教育課程に位置づけられた活動であることを踏まえ，特別活動の学習指導案を作成してみよう。

参考文献

岩本俊郎・浪本勝年編（2005）『資料 特別活動を考える』北樹出版。

高瀬淳・三山緑・住岡敏弘・中嶋一恵・市田敏之（2004）「実践的な教職課程の充実にむけた教職に関する科目『特別活動』の取り組み」『人間生活学研究』第13号，藤女子大学人間生活学部人間生活学科。

高旗正人・倉田侃司編（2004）『新しい特別活動指導論』ミネルヴァ書房。

下田好行（2001）「特別活動を指導する実践的な力量養成に向けた講義の試み」『日本別活動学会紀要』第9号。

森嶋昭伸・鹿嶋研之助編（2000）『改訂中学校学習指導要領の展開 特別活動編』明治図書。

（髙瀬　淳）

第7章

教師の職務と責任

　教師と生徒の心の交流を描いた映画やドラマ，漫画，小説が尽きないのはなぜだろうか。これらの作品に登場する教師を見て，私たちは「こんな教師が身近にいてくれたら」と理想の教師像を見出したり，「こんな教師になりたい」と教師をめざすきっかけにしたりする。本書の読者であれば，『3年B組金八先生』（TBS），『GTO』（藤沢とおる），『ごくせん』（森本梢子），『ROOKIES』（森田まさのり）などのTVドラマや漫画を見て，学校生活を送ってきた人もいるだろう。

　ところで，これらの作品では，教師が教科指導をしている場面はほとんど描かれていない。描かれているのは，非行やいじめ，校内暴力，犯罪，そして家庭の問題など，現代社会を生きる子どもたちを取り巻く諸問題を，教師自身の情熱や人間性をもって，感動的に解決する姿である。これらのいわゆる教師ものの作品において，教師の人間的魅力が強調されるのは，日本人が伝統的に重視してきた「人間主義」が基底にあるからである。しかし，実際の学校現場では，教師は人間的魅力だけで職務に従事しているわけではない。むしろ，ドラマや漫画で描かれていないことが職務の中心といってもいいだろう。本章では，教師に必要とされる資質や教師の職務について考えてみよう。

1　教師という職業

（1）教師の資質

　教師には，教師としての資質が求められる。「教師の資質」という概念について，必ずしもコンセンサスが得られているわけではない。しかし，一般には大学での養成教育や，教師になってからの教育実践の積み重ね，研修などの不断の努力を通して培われ，磨かれ，深まっていく専門的知識や教養，人間性を，

「教師の資質」ととらえることが多い。1997（平成9）年，当時の教育職員養成審議会は，「新たな時代に向けた教員養成の改善方策について（第1次答申）」のなかで，いつの時代にも求められる教師の資質・能力として，教育者としての使命感，人間の成長・発達についての深い理解，幼児・児童・生徒に対する教育的愛情，教科等に関する専門的知識，広く豊かな教養，これらを基盤とした実践的指導力等を挙げているが，教師には，使命感や教育愛といった人間的資質に加え，教科等に関する専門的な知識や教養，授業を展開する力量などの，専門的資質も求められるのである。

　ここで，まず教師の人間的資質として，「教育愛」を取り上げてみよう。教職をめざすきっかけとして，「子どもが好き」という言葉は誰もが口にする。しかし，児童・生徒を「愛する」ということは，そう容易なことではない。みなさんがこれから出会う児童・生徒は，みなさんに対して必ずしも素直で好意的とは限らないし，待てば必ず心を開いてくれるという保証もない。反抗的な態度や行動で手を焼かせることもあるだろう。それでも，「子どもが好きである」と感じることができるかどうか。それが，教師に問われる「教育愛」なのである。

　また，教育愛とは，「子どもが好き」という感情だけを指すものでもない。子どもの無限の可能性を引き出す授業を追求し続けた先人たちに共通しているのは，教育という営みに対する愛着であった。自分が教えている子どもたちが，できなかったことができるようになる，わからなかったことがわかるようになる。昨日よりは今日，現在よりも未来。教育の過程への愛情が，教師には必要である。こうした授業の魅力に取りつかれた教師は，子どもが夢中になる授業をしたいという思いから，労を惜しまず教材研究や授業準備を行っている。

　子どもに愛情を注ぎ，教育することの社会的意義を自覚することも，教師には求められる。それが，教師としての使命感である。戦後，中学校の国語教師として数々の魅力的な教育実践を残した大村はまは，民主主義社会へと生まれ変わった日本の未来を担う子どもには，自己を表現し，他者と話し合うための言語能力を養う必要があると考えた。授業における知的活動の充実が，児童・

生徒の知性を発達させ，人生を豊かにし，結果的に社会全体を豊かにすることになる。これこそが大村にとって，子どもを教育すること，授業をすることの意義だったのである。大村は自身の足跡を振り返り，「授業中に子どもがかわいいなんて思ったことはない」(大村他，2006：89)と述べている。この言葉に違和感を覚える者もいるかもしれない。しかし，1時間の授業の重みを自覚していた大村にとって，生徒を「かわいい」と思う余裕などないほど，真剣に渡り合っていかなければ目的を達成できないところに，その真意はある。

　次に，教師の専門的資質とは何かについて考えてみよう。教師は，充実した授業を展開するために，当然のことながら教える内容について，深く幅広い知識を備えていることが求められる。だが，それだけでは不十分である。教師は，担当する教科について単に専門知識を有するだけでなく，教科のもつ魅力やおもしろさを，様々な教材を使って児童・生徒に伝えていくことができなければならない。また，児童・生徒が今何を考え，求めているのかを感じ取る，鋭敏な感受性も持ち合わせていなければならない。ただし，こうした教師の専門的資質は，一朝一夕に獲得できるものではない。平素の大学での学習と同時に，教育実習で学ぶ事も計り知れない。何よりも，現職の教師になってから，数え切れないほど多くの児童・生徒と向き合う中で，貴重な「経験知」を得ることになる。こうした教職の特性を，アメリカの哲学者ドナルド・ショーン(D. A. Schön)は「反省的実践家(reflective practitioner)」という概念でとらえようとした。

　教師は，大学での養成教育を基盤としつつも，日々の実践においてたえず「行為のなかの省察(reflection in action)」を繰り返し，授業内容に対し生徒がどのように理解しているのか，計画段階で予測し得なかった問題状況にどのような意味があるのか，問題解決のためにどのような方法や代替案が必要かといった，創造的な実践を続ける。また，その省察の内容は，経験を重ねるほどより核心に迫ったものとなる。このように，教師は，実践のなかで，成長過程にある児童・生徒，刻々と変化する状況との対話を通して，新たな知識や状況の変化を生み出し，専門的資質を向上させていくのである。その根源にあるもの，それは常に実践から学び取ろうとする姿勢と向上心に他ならない。

（2）教師の職務

　さて，あなたが晴れて教師になったとしたら，学校ではどのような職務が待っているだろうか。ここでは教師の職務について，学習指導，学級経営，学校経営・校務分掌の側面から見てみよう。

　学校において，教師の職務の中心になるのが，学習指導である。その目的は，国語や算数（数学），理科や社会などの授業を通して，児童・生徒の知的活動を促し，児童・生徒の「学力」を育てることにある。

　ところで，1時間の授業が，実は年度の最初に計画されているものであるということを，みなさんは知っているだろうか。教師は，教科書や教材を読み，児童・生徒にどのような力を身に付けさせたいのかを，学習指導要領や自らの指導観にもとづいて具体的に定めていく。そして，それに応じて，児童・生徒が1時間の授業における学習を日々どのように積み重ね，1年を終えるのかという観点から，内容の配列と授業時数の割り当てを行うのである。

　もちろん，指導が開始された後も，年間の指導計画には，児童・生徒の反応や目標の達成度を確認しながら修正を加えたり，指導内容に関連するニュース等を新たに盛り込んだりする。みなさんも，教師が授業のなかで教科書の内容に関連する身近な話題を取り上げたり，手作りの教材・教具で発展的な学習を促したり，時には教科書から離れて児童・生徒を教室の外へ連れ出す姿を，幾度となく見てきたことだろう。これらは，その場の思いつきでやっていることではなく，十分な教材研究と日々の指導の振り返りに基づいた，必然性のある活動なのである。

　次に，学級経営について述べていこう。児童・生徒の学校生活全般について指導していく場が，学級である。学級担任となったら，教師は学級集団をどのようにまとめていきたいか，児童・生徒にどのような意識で勉学に取り組んでほしいか，友だちとどのような関係を築いてほしいかといったように，めざす学級像を描く。そして，思い描いた学級になるように様々な仕掛けを考え，実行する。「ひとりはみんなのために　みんなはひとりのために」などの標語が，黒板の上にかかげてあるのもそうした学級づくりの一環であり，教師は，新年

度になって児童・生徒と対面する前から，学級経営計画を立て，取り組んでいるのである。

みなさんにも，学級でよくレクリエーションをやったとか，学級のみんなで共有する文化があったなど，学級を中心とした思い出が少なからずあるだろう。そうした思い出の数々は，担任教師の学級経営によってもたらされたものと考えることもできるのである。

最後に，学校経営・校務分掌について，少しだけ述べておく。教師の職務は，児童・生徒に向き合って指導をすることだけではない。また，自分が教えている学級のことだけをやっていればよいわけでもない。学校は，組織としての教育目標をかかげ，その達成に向けて，教職員は活動している。みなさんが教師になったら，学校組織の一員として，学校全体の経営に貢献すること，校務の一部を分担することが求められる。放課後，職員会議に出席して意見を表明するのも，公文書の作成など様々な事務を処理するのも，保護者や地域の人と交流するのも，いずれも学校という組織にとって必要不可欠な職務である。

(3) 教師の服務，身分保障

公立学校の教師は，地方公務員法の適用を受け，一般の地方公務員と同様に職務上の義務と身分上の義務が課される。しかし，一般の地方公務員と異なる点は，公立学校の教師は，教育公務員特例法により「教育公務員」と定義されており，その職務と責任の特殊性に基づく任免や服務等に関する規定についても，適用を受けるということである。また，人間形成に携わるという職務の性質上，採用は他の一般公務員とは異なり，学力試験に加え，人物評価や適性，授業展開力や実技能力の評価も盛り込んだ，「選考」によってなされる。では，教師の職務と責任の特殊性とは，どういうことを意味するのだろうか。

ここで，2006（平成18）年度に実施された，教師の勤務実態に関する調査を見てみよう。調査によると，児童・生徒の夏期休業期前の，「通常期」における小学校・中学校教師の勤務日1日当たりの残業時間量は，平均で2時間09分，自宅に持ち帰る仕事の時間量は平均で35分であったが，これらの残業時間量に

は約5時間の個人差があった。また，残業時間における主な業務内容は，小学校・中学校ともに，成績処理，授業準備，事務・報告書作成，学校経営，その他の校務等である。これらの業務は，もちろん勤務時間内においても行われるが，とりわけ授業準備に関係する教材研究は，性質上，勤務時間外に校外で行われることも多く，部活動の指導等も休日に行われることが多い。

このように，教師の仕事はあらゆる時と場において存在し，責任の重さも時間的な拘束性も，置かれた状況によって様々であるため，画一化や定量化が困難である。また，多方面に拡大した職務と責任ゆえに，しばしば「無境界性」が指摘される。こうした教職の特殊性から，公立学校教師には時間外勤務手当が支給されない代わりに，都道府県・指定都市の条例に基づいて，「教職調整額」が支給されている。

2　教師の養成

現在，わが国の教師は，一部の例外を除き大学で養成されている。しかし，数ある大学のなかでも，教員養成の歴史が古いところ，新しいところがある。読者のみなさんも，それを何となく感じとっているかもしれない。そこで，わが国の教員養成の歴史を簡単に述べてみよう。

1886（明治19）年，師範学校令と教員免許状に関する諸規則が制定されたことにより，教員養成の制度は本格的に整備された。これにより，小学校教師は各府県に設置された尋常師範学校で養成し，中学校，尋常師範学校，高等女学校といった中等教育機関の教師を，東京や広島等に設置された官立の高等師範学校で養成することになった。

師範学校における教師の養成は，国が教育内容の選定や資格制度の整備を行い，教師の需要に応じて入学定員を決定するという，直接養成，計画養成方式の教員養成制度であった。師範学校は，基本的に全寮制で学費も無料，手ぬぐいや石けんまで支給されたりしていた。その代わり，卒業後は，数年間教師として勤務することが義務づけられていた。こうした師範学校の制度は，学校現

場に確実に一定数の教師を供給すること，教師の質を一定に保つことをめざしたものであった。

一方，中等教育への需要も次第に高まり，高等師範学校だけでこれらの学校の教師の需要を充たすことが困難になると，1900（明治33）年には，国が指定・許可した官・公・私立の大学や高等学校，専門学校の卒業者に対し，教員免許状を授与するしくみが整備された。現在の早稲田大学，慶應義塾大学，青山学院大学，日本大学などは，元来教員養成を目的に創設された学校ではなかったが，いち早く許可学校となり，戦後もその伝統を継承した。

第二次大戦後は，それまでの教員養成制度が抜本的に見なおされた。国の計画養成・直接養成のもと，画一的な養成教育を受けた師範学校出身の教師たちが，学校教育を通じて多くの者を戦争へと駆り立てたとして，師範教育否定論が高まった。戦後は，新たな時代の学校教育を担う教師には，大学での教養教育に裏付けられた，豊かな人間性が期待されたのである。

1949（昭和24）年，国立学校設置法が制定され，従来の師範学校等の教員養成機関は，それぞれ学芸大学（7校），学芸学部（19校），教育学部（26校）へと昇格・再編された。以来，今日に至るまで，わが国における教員養成は，原則として大学で行うこととされている。ただ，これらの大学・学部は，母体が師範学校や高等師範学校であったため，教員養成機能を有してはいたが，師範学校制度の閉鎖性を否定して出発したこともあって，教員免許状取得を必ずしも卒業要件としない大学や学部も存在した。また，同年には教育職員免許法が制定され，大学での教員養成の原則と並んで開放制の原則が示され，師範学校等を母体としない大学や，大学に昇格したかつての高等学校や専門学校，その他戦後になって創設された国・公・私立大学でも，教員を養成することができるようになった。

しかし，開放制のもとで養成された教師の意欲や質の格差が，次第に問題視されるようになると，1963（昭和38）年には「課程認定」の制度が採用された。これは，各大学における教職課程の水準が一定以上のものであることを，文部大臣（現在は，文部科学大臣）が審査し，認定する制度である。また，1965

(昭和40)年には,戦後誕生した学芸大学や学芸学部は,それぞれ教員養成を目的とした教育大学,教育学部に改編された。それ以後も,教員養成は開放制を原則としてはいる。しかし,教員養成系の教育学部の入学定員は,教員需要に応じて公立小学校教師の大部分,公立中学校教師の一定数を養成することを想定して決定されている。このことは,戦後の教育改革によって一度は廃止された,「計画養成方式」が採用されているとみることもできる。

3　教師の成長と研修の意義

　教師は,教育愛,使命感,そして絶えざる向上心を原動力にして,資質を磨き上げていく。中でも,1988(昭和63)年に創設された初任者研修,2002(平成14)年に創設された10年経験者研修は,それぞれ教職1年目と10年目を,重要なキャリアステージと見なして導入された,法定研修である。しかし,児童・生徒との関係性,勤務校の校長や教頭,主任等の指導的立場にある同僚との関係性,主任職や管理職の経験の有無,さらには,結婚や出産・子育て等の私生活上の変化など,個々の教師が置かれた状況は,決して一様ではない。教師にとっては,むしろ,こうした教職人生の各段階,それぞれの状況における課題設定の仕方こそが,各々の教師としての自己実現のあり方を決定づけることになるのである。

　こうした教師の自己実現に応えようとする制度が,研修制度である。学校教師にとって,研修は義務であり,権利でもある。教師の研修機会をどのように保障していくかということは,社会に課せられた重要な課題でもある。このような観点から,わが国では,兵庫教育大学,上越教育大学,鳴門教育大学といった新構想大学・大学院が整備され,研修機会の拡充が図られてきた。

　また,他の研修の形態としては,①法律により全国一律に実施が義務づけられている法定研修（初任者研修や10年経験者研修）,②都道府県・指定都市教育委員会主催の職務研修（行政研修,職名研修,命令研修という）,③服務監督者（主に校長）の承認によって職務専念義務を免除されて参加する職専免研

修，④勤務時間外に自発的に行う自己研修がある。研修の内容も，経験者研修（3年，5年，15年，20年など様々）や職名別の研修（校長，教頭，主任，進路指導主事研修など），長期社会体験研修や大学院修学休業制度など，多様なものが設けられている。

4 最近の教師教育における改革動向

　2006（平成18）年7月，中央教育審議会は，「今後の教員養成・免許制度の在り方について（答申）」のなかで，「教員に対する揺るぎない信頼を確立するための総合的な改革の推進」のために，①教職課程の質的水準の向上，②「教職大学院」制度の創設，③教員免許更新制の導入，④教員養成・免許制度に関するその他の改善方策，⑤採用，研修及び人事管理等の改善・充実の5つの具体的方策を提言した。

　この答申を受け，2010（平成22）年度には，教職科目「教職実践演習」が新設された。「教職実践演習」では，教育実習を終えたばかりの学生たちが，早晩大学を卒業し，学校現場で職務に従事すると想定し，①教師としての使命感や責任感，教育的愛情等に関する事項，②社会性や対人関係能力に関する事項，③幼児児童生徒理解や学級経営等に関する事項，④教科・保育内容等の指導に関する事項について，必要最低限の指導力を補強することがねらいである。大学を卒業する時点での，「教師の質」が問われているのである。

　また，2009（平成21）年4月より，教員免許更新制が導入された。これにより，普通免許状および特別免許状に10年間という有効期限が設けられるとともに，学校教師は，授与後10年毎に免許状を更新しなければならなくなった。従来の免許状制度では，一度教員免許状を取得すれば，教師としての資質・能力を有すると認められていたが，これにより，定期的に確認する制度へと転換したのである。つまり，現職段階における「教師の質」が問われているのである。

　一方，公立学校教師を採用する都道府県・指定都市教育委員会にも，変化が見られる。近年，大学新卒者を直ちに正規採用するばかりでなく，数年間の臨

時的任用教員や非常勤講師等の教職経験を積極的に評価し，採用しようとする傾向が，多くの都道府県・指定都市において見られる。具体的には，何らかの教職経験を有する者に対し，特定の試験科目を免除したり，特別選考枠を設けたりするなどである。他方で，高度専門職業人を育成することを目的として，2008（平成20）年度には教職大学院が開設されたが，その修了者に対し，採用段階である種の優遇措置を講じている自治体もある。これらの動きには様々な理由があるが，教職経験や教職大学院の教育によって培われた教師の「実践的指導力」に対し，都道府県・指定都市の寄せる期待が大きくなっているといえる。

そして，2016（平成28）年11月28日，教育公務員特例法等の一部を改正する法律が成立し，大学と教育委員会が，教師の養成から採用，研修に至るまでこれまで以上にトータルに，かつ協働して取り組むことが規定された。教師の任命権者たる教育委員会と大学とで協議会を組織し，国の示す指針を参考にしつつ，校長や教師の資質向上に関する育成指標を策定する。その一方で，10年経験者研修を廃止し，替わって「中堅教諭等資質向上研修」が新たに設けられることとなった。従来の10年経験者研修は，いわゆる「中堅」を一律に教職10年目以降と想定していたが，「中堅教諭等資質向上研修」では，各自治体が思い描く教師のキャリア形成過程に応じて，柔軟に「中堅」を設定して進めて行くことになる。

このように，「教師の質」あるいは「実践的指導力」が，近年の教師教育に通底する重要なキーワードになっている。もちろん，批判的検証を踏まえようとしない安直な実践指向や，古典や理論を軽視する悪しき風潮は改められなければならないが，これから教師をめざすみなさんには，大学での養成教育も含め，長い教職人生の各段階のなかで，自らの課題に向き合い，着実に資質を磨き，指導力を向上させていくこともまた，求められている。

第7章　教師の職務と責任

5　教師の生きがい・喜び——現職教師からのメッセージ

　ここまで，教師について様々なことを学んできて，「果たして自分に務まるのか？」と，少々不安になってきた人もいるのではないだろうか。確かに，教師の仕事は大変である。筆者が勤務する大学でも，毎年，教育実習を終えて大学に戻ってきた教育実習生が，「教師の仕事がこんなに大変だとは思わなかった」と口を揃えていう。しかし，それ以上に，他の職業では味わえない醍醐味がある。だからこそ，多くの教師が「一生の仕事とする価値がある」と感じているのではないだろうか。

　次のメッセージには，実際に学校現場で働く教師たちの思いが詰まっている。ここから，教師たちがどのような思いで職務に従事しているのかを，感じ取ってもらいたい。

【教師歴13年目　公立中学校勤務】

　喜びや生きがいを問われて，これ！というものがすぐには思いつかない。それは日々の生活におけるかかわりの中に少しずつあると思うから。

　授業でいえば，子どもが「わかった」というとき。自力で問題を解けたとき。子ども同士で意見交流や教え合いを始めたとき。試験問題に真剣に取り組んでいるとき。高得点をとったとき。テスト直しをして提出してきたとき。

　部活動で，大きな声を出して練習しているとき。昨日までできなかったことができるようになったとき。三者懇談で，進路について親の前で話をするとき。体育祭や文化祭で役割を果たしているとき。まじめに演技しているとき。卒業式での凜々しい姿を見たとき。

　こうして挙げてみると，私は子どもの真剣な姿に心動かされるのだと思う。こちらの指導に応える子どもの姿に成長が感じられたら，それが私の喜びになる。もちろん，自分の働きかけだけで子どもが変化するわけではないし，その感じ方も主観的なものかもしれない。それでも，第三者からのどんな評価よりも，自分が見た子どもの変化が一番心に響く。

人間同士のかかわりによって子どもも自分も成長できるから，私は辞めずにこの仕事を続けていきたいのだと思う。教師をしている人が若々しく見えるのは，こうしたみずみずしい日常のなかにいるからではないだろうか。

【教師歴33年目　公立小学校勤務】

「今から，A君のお誕生スケッチをします。A君は，今日がお誕生日です。10歳になります。おめでとうございます。」おたんじょう係の言葉が終わると，パチパチパチと拍手。みんなで「おめでとう。」の唱和，その後，紹介されたA君は，うれしそうにモデル台に上がる。「ぼくは，ドッジボールが好きなので，ボールをなげるポーズにします。」と言いながら，ボールを手にポーズを決めた。ほかの子どもたちは，思い思いの位置を決め描き始める。正面から描く子，横から描く子，後ろから描く子もいる。私も一緒に描く。一瞬，しんと静まりかえる。8分間集中して描く。

スケッチ終了後，モデルの子に感想を聞く。「足がだるい，つらかった。」と言いながらも，「みんなが真剣に自分を見て描いてくれてうれしい。」と答えてくれた。そして，プレゼントされたスケッチをうれしそうに見るその子。この活動をしてよかったと思う。

「おたんじょうスケッチ」を始めるとき，かなり勇気が必要だった。一人始めると，最後の子までやり続けなくてはならない。でも，1年に1回の誕生日にクラスのみんなから注目され，自分の姿を描いてもらいプレゼントされる。これは，子どもの自己肯定感やクラスの連帯感を強めるもので，集団づくりには欠かせないと考えている。

教師になってから，自分の研究教科を図画工作科としている。学級経営の中心に「豊かな表現」をおき，子どもと一緒に描く・つくることを大切にしている。3月のスケッチを4月のそれと比べると，子どもの描く力が伸びていることを強く実感できる。子どもと一緒に活動ができ，成長を感じ取れる。教師の喜びである。

本章のガイダンスで「人間主義」を指摘したことを，みなさんは覚えているだろうか。確かに，教師には教育愛や使命感といった人間的資質が求められるし，私たちも教師に人間的魅力を求める。しかしそれらは，ともすれば見過ご

しがちな，ごくありふれた「日常」でこそ発揮されるのではないだろうか。なぜなら，児童・生徒は，ありふれた日常においてこそ成長していく存在だからである。むしろ教師にとって重要なのは，そうした日常にドラマを感じることができるかどうかであろう。

　もし，みなさんが，児童・生徒にとっての日常を作り上げていくという大変な労を，「やりがいがある」と感じるのなら，それがあなたにとっての教職人生の始まりなのである。

学習課題

(1) これまでの学校生活で作成してきた図画工作の作品や，日記，学習ノートなどを見返してみて，そこから当時の教師の教育的意図を探ってみよう。
(2) 在籍している大学の教員養成課程について，沿革や理念を調べてみよう。また，大学がめざしている教師像が，カリキュラムにどのように反映されているかについても調べてみよう。
(3) 教師になった時，児童・生徒の人間形成に貢献できるあなたの魅力は何だろうか。自分自身を見つめ，文字化してみよう。また，自分が教員採用試験を受験しようとしている都道府県・指定都市等がどのような教師を求めているのか，調べてみよう。

参考文献

大村はま・苅谷剛彦・苅谷夏子（2006）『教えることの復権』ちくま新書。
国立大学法人東京大学（2007）『平成18年度文部科学省委託調査研究報告書　教員勤務実態調査（小・中学校）報告書』。
日本教師教育学会編（2008）『日本の教師教育改革』学事出版。
船寄俊雄・無試験検定研究会編（2005）『近代日本中等教員養成に果たした私学の役割に関する歴史的研究』学文社。
文部省（1972）『学制百年史』帝国地方行政学会。
山田浩之（2004）『マンガが語る教師像』昭和堂。
油布佐和子編（1999）『教師の現在・教職の未来——あすの教師像を模索する』教育出版。

（三　山　　緑）

第8章
学校経営の改革と課題

　「学校」とは何か。この問いに対して「授業」あるいは「教育」を行うところと答える人も多いだろう。学校の中心的な教育活動が授業であることは間違いない。しかし，日々の教育活動がどのようにして成り立っているのかを考えるとどうだろう。それぞれの授業は見通しもなくなんとなく行われているのだろうか。同じ学年のクラスが一緒にでかける修学旅行にはどのような準備が必要だろうか。あるいは，突然おこる自然災害，火災等に備えておかずに児童・生徒の安全を確保することができるだろうか。

　本章では，学校において「教育」の側面とともに重要な，こうした「経営」の側面から学校をとらえ，その組織や過程，課題について学ぶこととする。

1　学校経営とは何か

　学校経営とは，「教育機関として，教育目標とそれを達成するためのビジョンと戦略を設定し，その実現のため経営資源（ヒト，モノ，カネ，情報）を調達して，それぞれが持つ機能を活かしながら，組織を通して目標を達成しようとする計画的で継続的な行為である」とされる（小島，2000：12）。

　この定義をより具体的に述べれば次のようになる。各学校は，在籍する児童・生徒がどのような人間になってもらいたいかという人間像をもとに教育目標（例えば，「自ら考え，行動する子どもの育成」）を定め，その達成のために教育活動を行う。各学校の教育目標は，日本国憲法や教育基本法，学校教育法などの法令や，児童・生徒の実態，保護者の願いや地域の期待を踏まえて設定される。この教育目標を達成するために，学習指導要領を踏まえながら，各教

科，道徳，特別活動，総合的な学習の時間の学年目標や単元を設定し，授業時数を配当して教育課程が編成される。そして，教師を学級担任として配置したり，地域の人々の協力を得たりするとともに，必要な施設・設備（花壇，コンピュータ，運動用具，農具など）を準備する。また，校長のリーダーシップのもとで職員会議や教務部などの組織を通して仕事を分担して処理する。

2　学校経営の組織

（1）校務分掌組織

　学校にはその中心的な活動である授業以外にも，学校を運営していく上で実に様々な仕事がある。学校運営上の一切の仕事を「校務」と呼び，おおまかに分類すれば次のようになる。教育課程の編成や年間行事計画の策定，教材の選定や通知表の作成等の学校教育内容に関する事務，教職員の人事管理に関する事務，児童・生徒の指導要録の作成や学籍管理などの児童・生徒の管理に関する事務，施設・設備の保全管理に関する事務，学校予算の執行・管理，PTAや地域社会との連携等に関わるその他の学校運営に関する事務，が挙げられる（田代他，2001：43）。

　これら様々な校務を行う責任者が校長である。各学校では，これらの校務を教職員が分担処理するために，様々な組織が置かれている。それらの組織をまとめて校務分掌組織という。各学校の校務分掌組織は様々であるが，一つのモデルとして図8-1に示したように，次のような組織がある。①職員会議，企画委員会などの学校の意思形成に関わる組織，②教務部，生徒指導部，保健部など教務・教育活動に関わる組織，③総務部，事務部など教務以外の庶務，会計，管理などの事務に関わる組織，④研修部などの研修・研究に関わる組織，である。他にも必要に応じて委員会を組織しているケースも見られる。

（2）職員会議

　職員会議は校長（幼稚園では園長）の「職務の円滑な執行に資するため，職

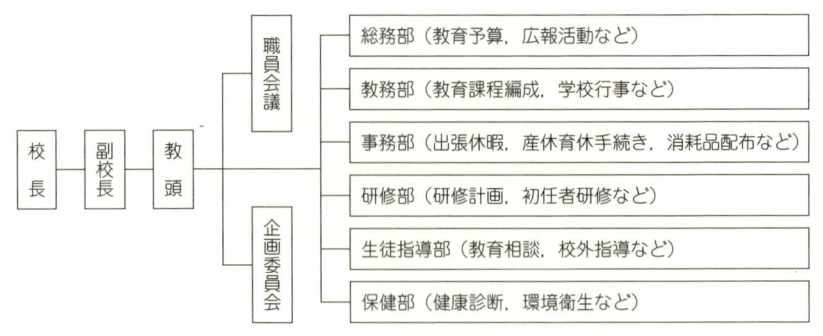

```
校長 ─ 副校長 ─ 教頭 ┬ 職員会議 ┬ 総務部（教育予算，広報活動など）
                              ├ 教務部（教育課程編成，学校行事など）
                              ├ 事務部（出張休暇，産休育休手続き，消耗品配布など）
                    └ 企画委員会 ┬ 研修部（研修計画，初任者研修など）
                              ├ 生徒指導部（教育相談，校外指導など）
                              └ 保健部（健康診断，環境衛生など）
```

図8-1　校務分掌組織の一例

員会議を置くことができる」（学校教育法施行規則第48条）とされ，校長の補助機関として位置づけられている。

　職員会議が果たしている主な役割・機能は，次のように整理することができよう。①教育課程の編成や校務分掌組織のあり方，施設設備など，学校の基本的な事項について審議する，②校長が様々な問題について教職員の意見を聞いてそれを自らの判断の参考にする，③教職員の間で意見や情報を交換し，教職員間の共通理解を図る，④教育委員会などからの指導，通知・依頼・連絡事項等について伝達し，周知を図る，などである（岡東他，2000：35）。

（3）校長，教頭，主任と「新たな職」

　ここでは，学校経営を主要な職務としている校長と教頭，そして学校経営に大きな役割を果たしている主任・主事，さらには，2007（平成19）年の学校教育法の改正において学校経営の充実を期待されて設けられた「新たな職」である副校長，主幹教諭，指導教諭について見ていく。

　先に触れたように，校長の職務については「校長は校務をつかさどり，所属職員を監督する」（学校教育法第37条第4項）と規定されている。つまり，校長は学校の運営に必要な一切の事務（校務）を掌握し，処理する権限と責任があり，教師や事務職員などの所属職員の監督者である。

　副校長は，「校長を助け，命を受けて校務をつかさどる」（同条第5項）とさ

れている。つまり，教頭が校長を助けることの一環として校務を整理することができるのに対し，副校長は，校長から命じられた範囲で校務の一部を自らの権限で処理することができる職である。また，教頭と副校長の関係は，「教頭は，校長（副校長を置く小学校にあつては，校長及び副校長）を助け」（同法第37条第7項）とされており，教頭は副校長（及び校長）を補佐する立場である。

教頭の職務は，校長（副校長）の補佐に加えて，「校務を整理し，及び必要に応じ児童の教育をつかさどる」（同条同項）とされている。ここで「整理する」とは，校務についての調整を意味しており，校長と教職員の間でいわゆるパイプ役として調整にあたることや，教職員相互の意思疎通を図る連絡的な事務，企画立案などの場合の調整がある。また，教頭は，校長（副校長）が，休職したり，死亡したりする場合に，その職務を代理・代行することになる。

主幹教諭は，「校長（副校長を置く小学校にあつては，校長及び副校長）及び教頭を助け，命を受けて校務の一部を整理し，並びに児童の教育をつかさどる」（同法同条第9項）とされる。つまり，命を受けて担当する校務について一定の責任をもって整理し，他の教諭等に対して指示することができる。主幹教諭の担当する校務としては，教務，生徒指導，進路指導などが想定されている。

主任・主事は，「調和のとれた学校運営が行われるためにふさわしい校務分掌の仕組みを整える」（学校教育法施行規則第43条）という趣旨から，それまで，慣行としておかれていたものを制度化したものである。小・中・高等学校に共通に置かれるものとして，教務主任，学年主任，保健主事がある。これら主任等は，教諭があてられ，校長の監督のもと，それぞれの職務に関する連絡調整や指導，助言にあたることになっている。なお，主任と主幹教諭の関係については，例えば，教務担当の主幹教諭を置く場合は，教務主任を置かないことができるようになっている。

指導教諭は，「児童の教育をつかさどり，並びに教諭その他の職員に対して，教育指導の改善及び充実のために必要な指導及び助言を行う」（学校教育法第37条第10項）とされ，他の教諭と同様，授業を担当するとともに，他の教職員に

対して教育指導に関する指導助言を行うものである。

以上のように，これまでの校長等に，「新たな職」である副校長等が加わることによって，校長を中心とした学校経営の充実が期待される反面，これまで，「鍋蓋型」とされてきた学校組織が「ピラミッド型」となり，管理が強まるのではないか，あるいは，教頭と副校長との関係，主任・主事と主幹教諭，指導教諭の関係はどのようになるのかなど，今後の推移が注目されるところである。

3 学校経営と学校評価

(1) 学校経営の過程

各学校では，教育目標がどのような手段・方法で，どの程度達成されているのかを評価しながら，学校経営を効果的，効率的に行えるように改善を図る必要がある。そこで，学校経営を一つの循環過程としてとらえるマネジメント・サイクルの考え方が重要になる。マネジメント・サイクルとは，例えば，学校経営を計画（Plan）―実施（Do）―評価（See）の過程としてとらえるものである。これは，最初のサイクルの評価（See）が次のサイクルの計画（Plan）に活かされて，サイクルが連続して，学校経営が継続していく考え方である。現在では，実施後の改善や更新（Action）を強調した，計画（Plan）―実施（Do）―評価（Check）―改善・更新（Action）（＝PDCA）ととらえることが重視されている（木岡，2003：43-44）。こうしたマネジメント・サイクルを学校経営の具体的な活動に重ねあわせると次のようになる。

計画（Plan）段階では，学校や地域の実態を的確に把握して，学校が抱えている問題に直結した教育目標を設定し，その目標を達成する手段・方法，目標の達成度を図る観点や基準を設定した教育計画を作成する。教育課程のきわめて具体的な次元で説明すれば，例えば，在籍する児童の計算力が低下傾向にある場合（実態の把握），「計算力向上を図る」という教育目標をたて，達成手段・方法として，授業の最初の5分間を計算ドリルに取り組むこととする。達成度をはかる観点として学年末の算数テストでの計算力の定着度を設定し，低

学年は平均90％の正答率，高学年は平均85％の正答率を到達目標にする，といったことが考えられる。

　実施（Do）段階では，教職員の配置，補充などの組織づくりや施設・設備の整備を行いつつ，教育目標の達成に向けて，児童・生徒の学習を指導する。先の例を続ければ，計算ドリルを購入するか，あるいは独自に問題を作成して，児童・生徒一人一人が，自分の基礎学力の向上をめざして努力するように指導することになる。

　評価（See）段階では，実施段階の取り組みによって，教育目標がどの程度達成されたかについて，教育計画に盛り込んだ達成度をはかる観点や目標にてらして評価する。先の例でいえば，教育計画の実施段階で，1学期末に，児童の成績や取り組む態度などの状況を把握したうえで（Check），同学年の教師たちが，児童の学習意欲を高め，計算力を向上させるために各自で工夫していることや直面している問題について意見交換し，それを踏まえて年度末までに目標が達成できるように改善を繰り返していくこと（Action）などが考えられよう。

　このような改善を繰り返しながら，年度末には，学年末テストでの計算に関する平均正答率を，低学年（90％），高学年（85％）にてらして評価する。達成した場合には，到達目標を上げたり，別の観点や目標を設定したりすることでさらなる向上をめざすことになろう。達成できなかった場合には，その原因を検討して，次の「計画」に活かしていく必要がある。

（2）学校評価と学校改善

　上述のような学校経営の過程（マネジメント・サイクル）を見てみると，学校教育の現状を把握し，改善を方向づけるうえで，評価，すなわち学校評価が重要な役割を果たしていることがわかる。こうしたことから，2007（平成19）年の学校教育法の改正では，学校評価が義務化され，評価結果に基づく学校改善が求められるようになった（同法第42条）。さらに，保護者等の理解を深め，連携・協力を進めるために教育活動その他の学校運営の状況に関して積極的に

情報を提供することとされた（同法第43条）。これらの規定をうけ，学校教育法施行規則で，自己評価とその結果の公表，評価項目の設定，自己評価を踏まえた保護者等の学校関係者評価，およびそれら評価結果の設置者への報告が規定された（同規則第66，67，68条）。文部科学省は，2008（平成20）年1月に各学校での学校評価の目安となる事項と指針となるモデルとして『学校評価ガイドライン』を公表し，学校評価の一層の推進を図っている。このガイドラインでは，学校評価の実施方法を「自己評価」「学校関係者評価」「第三者評価」の3つの形態に整理している。「自己評価」は，PDCAサイクルに基づき精選された具体的かつ明確な重点目標の達成状況について各学校の教職員が行う評価である。「学校関係者評価」は，保護者，地域住民等の学校関係者などにより構成された評価委員会等が，自己評価の結果について評価することを基本として行う評価である。「第三者評価」は，学校と直接関係を有しない専門家等による客観的な評価である。

　以上のような「自己評価」「学校関係者評価」「第三者評価」からなる学校評価により，各学校の主体的な学校改善，設置者等への評価結果報告による課題意識の共有と適切な支援，教職員や保護者・地域住民等との課題意識の共有・相互理解の深化や，保護者等の学校運営の参画による開かれた学校づくりの推進が期待されている。

4　学校の自主性・自律性の確立と開かれた学校づくり

（1）学校の自主性・自律性の確立と校長のリーダーシップ

　現在，日本の学校は，子ども一人ひとりの個性を伸ばし豊かな心を育むために，保護者や地域住民の信頼を得ながら，自らの責任と判断によって創意工夫をこらして，特色ある学校づくりをすることが求められている。こうした学校の自主性・自律性を確立するために，教育，人事，予算について教育委員会の関与を弱め，学校の裁量権限を拡大する取り組みが行われている。例えば，教育委員会が定める学校管理規則で許可・承認による関与を行わない市町村教育

第8章　学校経営の改革と課題

委員会の割合は，項目ごとの高い順に，教育課程の編成（83.7％），補助教材の使用（81.1％），修学旅行（67.2％），休業日の変更（59.9％），学校施設の目的外使用（55.5％），学期の設定（25.8％）となっている。また，市町村教育委員会における学校裁量予算については，学校が企画提案した独自の取り組みに対する特別予算（30.0％），従来の学校関係予算とは別に特色ある学校づくりを推進するために校長裁量によって執行できる予算の措置（20.4％），などとなっている（文部科学省『教育委員会月報』平成20年7月号，70－71頁）。

　このように学校の裁量権限が拡大され，自主的，自律的に学校を運営していくには，学校経営のトップとしての校長に優れた学校経営能力や効果的なリーダーシップが求められる。こうした観点から，校長の資格について，教員免許状を有し，かつ教育に関する職に5年以上勤務した経験を有することに加えて，10年以上教育に関する職に就いた経験がある者については教員免許状がなくても校長に任用できるようにした。また，特に必要がある場合には，教員免許状を持たなくても，都道府県教育委員会等が上記と同等の資質・経験を有すると認めた者を校長に任用できるとした（学校教育法施行規則第8条，第9条）。これがいわゆる民間人校長とされるものである。民間人校長は，2008（平成20）年4月1日現在80名（39都道府県市，前年比7名減）が登用されている（文部科学省『教育委員会月報』平成20年11月号，26頁）。

（2）開かれた学校づくりと学校評議員制度・学校運営協議会制度

　上述のように，学校の自主性・自律性を確立し，校長を中心とした学校経営が重視される一方，地域住民の学校運営への参画による「開かれた学校づくり」が推進されている。この「開かれた学校づくり」を具体化したのが，学校評議員制度である。学校評議員は，学校の職員以外の者で教育に関する理解及び識見を有するもののうちから，校長の推薦によって学校の設置者が委託し，校長の求めに応じて学校運営に関して意見を述べることができるというものである。文部科学省の「学校評議員制度等及び学校運営協議会設置状況調査結果の概要（平成18年8月1日現在調査結果）」によれば，学校評議員（類似制度を含

む）を設置している公立の学校は，3万5,042校（82.3％）となっている。意見聴取の事項で多いものは，地域との連携協力（87.6％），学校評価（82.2％），学校の危機管理・児童・生徒の安全管理（80.9％）などである。

「開かれた学校づくり」をさらにすすめるために，2004（平成16）年6月に「地方教育行政の組織及び運営に関する法律」が改正され，学校運営協議会制度が導入された。学校評議員は，校長の推薦によって委託され，校長の求めに応じて意見を述べる制度である。これに対し，学校運営協議会は，教育委員会が指定する学校（コミュニティ・スクール，地域運営学校などと呼ばれる）の運営に関して，教育課程の編成などについて校長が作成する基本的な方針の承認を行うことや，教育委員会または校長に対して意見を述べること，教職員の採用その他の任用について，任命権者に対して意見を述べることができ，その意見が尊重されるという権限が与えられる。2009（平成21）年4月1日現在，学校運営協議会が設置されている学校数は全国30都府県478校（前年度比132校増）であり，着実に普及している。

5 学校経営の課題

(1) 学校における危機管理

学校が，保護や指導の必要な多数の児童・生徒が日中の大半を過ごす場所であることを考えれば，自然災害や火災，不審者の侵入や登下校時の犯罪などから児童・生徒をどのようにして守るかは，特に重視されなければならない。また，学校での教育・学習活動が複雑な人間関係のなかで行われていることを思い起こせば，いじめ，暴力などの不測の事態が起こる可能性は否定できないであろう。このようにそれらへの予防，対処の仕方，すなわち危機管理（安全管理）は学校経営上の重要な課題である。

危機管理（risk management）は，もともと企業用語で，悪い結果をもたらすかもしれない危険性や損害・損失を最小限に抑えるための方策（予防措置と事後措置）のことをいう。学校での危機管理で考えると，例えば，地震や台風の

被害を最小限にとどめるための準備や訓練をしておくことは予防措置である。児童・生徒が授業中に大けがをした場合などに二次的な被害を回避しつつ応急処置をし，保護者や関係機関への連絡をすること，そしてその後に，大けがの原因を究明し，指導や安全確保の改善を図ることは事後措置にあたる。ただし，危機管理は，危機が起こった場合，あるいはそれを想定した対応のみを目的にしているのではない。危機管理は危機に対して冷静かつ適切に準備，対応することで，子どもの生命を守り，人権を尊重すること，子どもと教師あるいは子ども同士，教師同士の信頼関係や学校に対する社会的な信用や信頼を守ることが目的なのである。

（2）不審者の侵入防止への取り組み

　現在，学校における広範で多種多様な危機管理・安全管理のなかで最も重視されているものの一つが不審者の侵入への対応である。特に，2001（平成13）年6月に大阪教育大学教育学部附属池田小学校で起きた児童殺傷事件は，学校の危機管理・安全管理（不審者の侵入への対応）のあり方を問う大きな契機となった。文部科学省は「学校への不審者侵入時の危機管理マニュアル」の作成（2002〔平成14〕年12月。2007〔平成19〕年11月に「学校の危機管理マニュアル－子どもを犯罪から守るために－」として改訂）や，防犯教室の開催を支援するなどの様々な施策を実施した。

　このような取り組みが進められるなか，2005（平成17）年2月に寝屋川市立中央小学校の教職員殺傷事件が起き，「安全・安心な学校づくりのための文部科学省プロジェクトチーム」の第一次報告「学校安全のための方策の再点検等について」が出された。この報告では，不審者侵入防止については，①学校の敷地内への不審者の侵入防止，②学校の敷地内での不審者の発見・排除，③校舎内への不審者の侵入防止，の3段階のチェック体制を確立するよう求めている。①では，学校の出入口の限定と登下校時以外の施錠，侵入監視のためのセンサーや防犯カメラなどの設置とモニターのチェック体制の確立を求めている。②では，校門から校舎への入り口の動線を児童・生徒の活動スペースと峻別す

ることや地域のボランティア，警備員等などの協力を得ながら敷地内を巡回する重要性が指摘されている。③では，正規の来校者を含め，原則としてすべての来校者の対応を受付に集中し，確認後はリボンや名札などを着用させること，応接スペースを受付近くに設置し，原則として来校者には応接スペースで対応することなどを求めている。不審者の侵入への備えとしては，さすまた，盾，催涙スプレー，ネットなどの器具を備えるとともに，通報や緊急連絡の仕方，警察官が到着するまでの安全確保について防犯訓練等を行うことが求められている。また，学校・家庭・地域の連携や学校と警察の一層の連携の推進が不可欠であることが指摘されている。

　学校への不審者の侵入・殺傷事件が繰り返されるなかで，「開かれた学校づくり」が疑問視されることもある。しかしながら，この第一次報告では，「地域に開かれた学校づくり」と安全な学校づくりとは相反するものではなく，むしろ一定のルールに従って学校に多くの人が集まり，多くの目で子どもの安全を見守ることが学校の安全性を高め，学校が活性化されると指摘している。

　文部科学省「学校の安全管理の取組状況に関する調査」（2008〔平成20〕年1月）によれば，国公私立の小・中・高等学校，中等教育学校，特別支援学校及び幼稚園のうち（平成19年3月末時点，（　）内は前年度），「防犯監視システムの整備」が65.9％（60.8％），「地域のボランティアによる学校内外の巡回・警備」が66.5％（63.1％），「通報システムの整備」が87.4％（85.0％）となっており，整備が進んでいる。

（3）保護者等の理不尽な要求・抗議への対応

　現在，教師や学校に対する保護者（親），地域住民からの理不尽な要求・抗議（クレーム，無理難題要求）への対応が，学校経営上の大きな課題となっている。読売新聞が行った公立小中学校における親のクレームに関する調査によれば（YOMIURI ONLINE. 2007年6月18日），調査対象となった全国の道府県庁所在地と政令市，東京23区の計73市区の教育委員会のうち，40の教育委員会が親の身勝手な要求や問題行動に「苦慮している」と回答した。理不尽な要求や抗

議の例としては，「うちの子には自宅で掃除をさせていないので，学校でもさせないでほしい」「子どもどうしのささいなトラブルなのに，『相手の子どもを転校させてほしい』と要求」「子どもが自転車でお年寄りに接触する事故を起こした際，『学校の自転車指導に問題』と主張」「気に入らない教師の悪口を子どもたちに触れ回る」などがあった。

　近年，こうした理不尽な要求・抗議をする保護者が「モンスター・ペアレント」と呼ばれ大きく取り上げられるとともに，この対応に苦慮し，追いつめられる教師，学校が増加している。このような「危機」に対して，クレーム対応マニュアルの作成や教員の研修，専門職員の配置，警察との連携や弁護士への相談体制の整備などが行われている。

　しかし，保護者等の理不尽な要求・抗議に対して，保護者の人格を全面否定する「モンスター」という言葉でレッテルを貼り保護者を非難する（小野田, 2008：111），あるいは逆に学校が全面的に責任を負うだけでは問題の根本的な解決には至らないであろう。上記の取り組みに加えて，日頃から保護者の話にじっくりと耳を傾け，相談に乗ることを通じて信頼関係を築くこと，理不尽な要求・抗議の根底にある保護者の不安やストレス，抱えている問題を読み取る姿勢が欠かせないであろう。

　理不尽な要求・抗議への対応は，子どもの成長・発達を最重視するなかで，学校と保護者・地域住民がどのように連携を図っていくのかという学校経営の重要な課題である。したがって，そこでは，教師・学校の取り組みだけではなく，保護者や地域住民が，学校を支援し，より良くするためにはどのように関わることができるのかも問われているのである。

学習課題

(1) 身近にある学校の学校教育目標や学校経営計画を比べて、各学校の特色についてまとめてみよう。
(2) 学校評価における「自己評価」と「学校関係者評価」の実際について調べてみよう。
(3) 保護者・地域住民からの「理不尽な要求・抗議」の具体的な例を題材に、その対応について話し合ってみよう。

参考文献

岡東壽隆・林孝・曽余田浩史編(2000)『学校経営　重要用語300の基礎知識』明治図書出版。
小島弘道(2000)「現代の学校経営改革の視野」日本教育経営学会編『自律的学校経営と教育経営』玉川大学出版部。
小野田正利(2006)『悲鳴をあげる学校　親の"イチャモン"から"結びあい"へ』旬報社。
小野田正利(2008)『親はモンスターじゃない！　イチャモンはつながるチャンスだ』学事出版。
学校危機問題研究会編(2000)『講座　学校の危機管理』学事出版。
学校教務研究会編(2005)『詳解　学校運営必携』ぎょうせい。
木岡一明(2003)『新しい学校評価と組織マネジメント』第一法規。
高階玲治編(2001)『見てわかる学校の危機管理マニュアル』東洋館出版社。
田代直人・森川泉・杉山緑編(2001)『教育の経営と制度』ミネルヴァ書房。
永岡順編(1991)『学校の危機管理』東洋館出版社。
諸富祥彦(2008)『モンスターペアレント!?「親バカとバカ親は紙一重」』アスペクト。

（滝沢　潤）

第9章

教育行政のしくみと改革動向

　みなさんは「教育委員会」「文部科学省」と聞いて何を思い浮かべるだろうか。ニュースなどでよく耳にするものの，実はよくわからないと感じる人も少なくないかもしれない。

　教育委員会や文部科学省が担っているのは教育や文化に関する行政である。教育行政は学校，図書館，博物館，公民館といった機関がそれぞれの目的を十分に達成できるよう諸条件の整備を行うことを責務としている。例えば，教育委員会は子どもたちが安全に学校に通学できるよう適切な通学区域を定めたり，小学校入学後にスムーズに学校生活に適応していけるよう小学校と幼稚園の連携による指導体制づくりを行ったりしている。また，文部科学省は全国の児童・生徒に均等に一定水準の教育を提供するために学習指導要領を作成したり，使用される教科書の検定を行ったりしている。このように，教育行政は教育現場を支える「縁の下の力持ち」なのである。

　教育が抱える課題を考える上で教育行政のしくみを知っていることは不可欠である。本章を学ぶことで，今までとは違った角度から教育について考えるきっかけとしてほしい。

1　地方の教育行政

（1）教育委員会
① 理　　念

　教育委員会は，都道府県と市町村等に置かれ，特に地方公共団体の長に権限が与えられている事項を除くすべての教育行政を担当する組織である。1948（昭和23）年に米国教育使節団報告書の理念を基にして創設されたのが始まりであり，その基本的な考え方は以下のとおりである。

1）一般行政からの相対的独立

　教育委員会は人間形成という立場上，中立的・専門的な運営を行うことが求められる。そのため，一般行政から一定の相対的独立性をもった合議制の行政委員会として設置されている。行政委員会には他に選挙管理委員会，人事委員会などがある。

2）レイマン・コントロール（住民による意思決定）

　教育委員は一般住民であることが原則とされている。これは，地域住民の考え方を広く教育行政に反映させるためである。そのため，委員の年齢，性別，職業等に著しい偏りが生じないよう配慮が行われ，保護者を含むことも義務づけられている。

3）地方分権

　地方分権とは国から地方公共団体に対して権限を配分し，分権的な行政を行っていくという意味である。第二次世界大戦後に取り入れられた考え方であり，教育行政においては各地方公共団体に初めて教育委員会が置かれた。

② 教育委員会のしくみ

　図9-1は教育委員会の基本的なしくみである。一般に教育委員会と呼ばれているのは教育委員会事務局である場合が多い。しかし，教育委員会とは本来，数名の教育委員で構成される委員会を指し，その下に置かれる教育委員会事務局とは別のものである。両者を混同しないよう注意したい。

　教育委員会は教育長及び4人の教育委員（教育委員は都道府県・市は5人以上，町村は2人以上でも可）で構成される。文部科学省の平成27年度教育行政調査（中間報告）によれば，教育委員会の数は都道府県が47，市町村が1,815であり，後者は市町村の合併により近年大幅に減少している。

　教育長は当該地方公共団体の長となる被選挙権を有する者で人格が高潔で，教育行政に関し識見を有することが要求される。また教育委員は当該地方公共団体の長となる被選挙権を有する者で，人格が高潔で，教育，学術，文化について識見を有することが要求される。教育長及び教育委員の任命は首長が議会

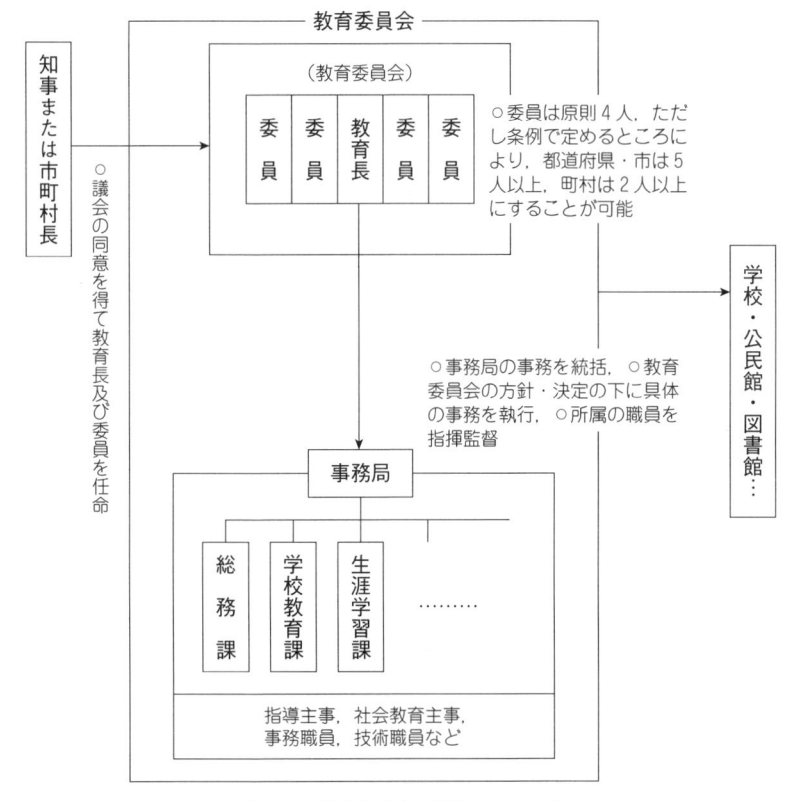

図9-1　教育委員会の組織のイメージ

（出所）文部科学省ホームページより作成。
（http://www.mext.go.jp/a_menu/chihou/05071301.htm　2016年12月現在）

の同意を得て行うしくみとなっており，教育長は任期3年の常勤，教育委員は任期4年の非常勤で再任も可能である。

　誰を教育長及び教育委員に選任するかは重要な課題である。先に述べたように，教育委員の選任にあたっては委員の年齢，性別，職業等に著しい偏りが生じないよう配慮されなければならず，保護者も含めることが「地方教育行政の組織及び運営に関する法律」（以下，地方教育行政法と呼称）で義務づけられている。それは広く一般住民からの意見を教育行政に反映させるためである。

また，教育長は教育委員会の会務を総理し，教育委員会を代表する。以前は教育委員会には教育委員長の職が置かれていたが，2014（平成26）年6月改正，2015（平成27）年4月施行の地方教育行政法の改正により廃止され，教育長に一本化された。これは責任体制の明確化や迅速な危機管理体制の構築，地域の民意を代表する首長との連携の強化等を意図するものであった。平成27年度教育行政調査（中間報告）によれば，その直前の職歴は都道府県教育長では地方公務員（教育長，教職員，教育委員会関係職員を除く）が最も多く45.7％であり、市町村教育長では教職員であった者が37.4％と最も多い。

③ 職務権限
　教育委員会の中心的な仕事は学校その他教育機関と教職員の管理である。地方教育行政法には19の権限が定められている。以下はその一部である。
　　○公立学校やその他の教育機関の設置，管理及び廃止
　　○教育委員会，公立学校，その他の教育機関の職員の任免，人事
　　○学齢児童・生徒の就学や，幼児・児童・生徒の入学，転学，退学
　　○学校の組織編制，教育課程，学習指導，生徒指導，職業指導
　　○教科書・教材の取扱い
　　○教職員の研修
　　○学校給食
　　○スポーツ
　　○文化財保護
　教育委員会はこれらの事項について月1回程度の定例会のほかに，臨時会や協議会を開催して検討を行う。文部科学省の「教育委員会の現状に関する調査」（平成27年度間）によれば，教育委員会会議の開催回数は都道府県・指定都市では年間平均29.7回，市町村では平均15.5回である。会議の開催にあたっては事前に資料を委員に配布したり，事前勉強会が開かれることも多い（特に都道府県）。会議の内容は，例えば山口県教育委員会を例に挙げると，ある月の会議では「教科用図書選定審議会に対する諮問について」「教育委員会表彰規

則による表彰について」の議案の審議・承認,「全国学力・学習状況調査の実施について」「山口県公立高等学校入学者選抜のための学力検査得点状況について」の報告,となっている(平成28年度4月教育委員会議録より)。

(2) 教育委員会事務局

教育委員会事務局は,教育委員会の権限に属する事務を処理するために置かれている。都道府県教育委員会の事務局は「教育庁」と呼称される場合もある。事務局の内部組織は教育委員会規則で定められており,各教育委員会で異なる。例えば,山口県教育委員会の場合,教育政策課をはじめとする7つの課と1つの室が置かれている(平成28年4月1日現在)。また,山口県では県教育庁の事務を分掌させるために各区域に置かれていた教育事務所が廃止された。教育事務所とは,全県域をいくつかの区域に分け,区域ごとに置かれる組織であり,教職員人事に関する都道府県と市町村との連絡調整や指導主事の派遣など,域内の市町村教育委員会に対して支援を行う重要な役割を果たしてきた。しかし,今日,地方分権や行政改革の流れのなかで統合・再編される傾向にある。そこで,山口県では小学校や中学校の特色ある教育活動を支援していくため,2006(平成18)年に県教育庁の指導課を義務教育課と高校教育課に再編し,義務教育を所管する組織が置かれることになった。

教育委員会事務局には指導主事,事務職員,技術職員,その他の職員が置かれている。指導主事は学校における教育課程,学習指導,その他学校教育に関する専門的事項の指導を行う。この職には大学以外の公立学校教員をもって充てることができる(充て指導主事と呼ばれる)。指導主事は学校を訪問し,教育課程・生徒指導・研修等に関して学校から説明を受け,抱える課題について協議を行う。また,各学校から校内研修への協力要請を受けて学校を訪問することもある。こうした指導主事としての経験は教員の職能発達に大きな役割を果たしている。過去に県教育委員会の指導主事として勤務した経験をもつ小学校のある校長は「学校に戻った後,見通しをもった学校経営ができるようになった」と語る。再び校長職に戻ってからは,教育委員会での経験を生かして

様々な情報を集め，国や県の動きを先読みした学校経営を行っている。また，指導主事として小学校だけでなく多くの幼稚園や中学校を訪問する機会に恵まれたことは，学びの連続性を理解する上で非常にプラスになったという。さらに，小学校の教員は児童や保護者との関わりがメインであるが，教育委員会では行政機関や学校関係者等との関わりが中心となる。様々な人々と仕事をすることで視野が広がり，物事を多様な角度から見つめることができるようになったとも語っている。このように，教育委員会で働くということは教員として大きく成長するチャンスなのである。

(3) 地方公共団体の長と議会

次に，地方公共団体の長や地方議会が果たす役割について触れておきたい。地方の教育行政は教育委員会が中心となって行われるが，地方公共団体の長や地方議会が担う部分も少なくない。

地方公共団体の長とは都道府県知事や市町村長のことを指す。知事や市町村長は首長と呼ばれ，その下に置かれる組織は一般に首長部局と呼ばれる。首長は2014（平成26）年6月改正，2015（平成27）年4月施行の地方教育行政法によって，(1)教育，学術及び文化の振興に関する総合的な施策の大綱（以下，大綱）を定める，(2)総合教育会議を設けることとなった。大綱とは，教育の目標や施策の根本的な方針であり，教育基本法第17条に規定する基本的な方針を参酌して定めるものである。また，総合教育会議とは，首長と教育委員会で構成され，大綱の策定や教育条件の整備等の施策について協議される。首長はこの他に，(1)大学に関すること，(2)幼保連携型認定こども園に関すること，(3)私立学校に関すること，(4)教育財産の取得・処分，(5)教育委員会の所掌に関する契約の締結，(6)教育委員会の所掌に係る事項に関する予算の執行，(7)教育予算案や教育議案の作成（作成にあたっては教育委員会から意見を聴取）に関する権限を有している（地方教育行政法第22・29条）。例えば，県知事は県立大学を所管し，学長以下の教職員の任免を行ったり，私立高校の設置・廃止，閉鎖命令を行ったりすることができる。

また，地方議会は，(1)教育事務に関する条例の制定・改廃（例えば公立学校・図書館・博物館等の設置条例，公立学校教職員や教育委員会委員の定数・給与に関する条例），(2)教育事務に関する予算の決定，(3)条例で定める教育財産の取得・処分，(4)条例で定める契約の締結，(5)教育委員の選任・罷免の同意，等を行う（地方自治法第96条，地方教育行政法第4・7条）。

2 国の教育行政

(1) 内閣・文部科学大臣

　続いて，国レベルの教育行政のしくみについてみていこう。ここではまず内閣と文部科学大臣の役割について確認しておきたい。内閣は，総理大臣と国務大臣で構成されており，教育法案や教育予算を作成して国会に提出したり，教育関係の政令を制定する権限を有している。また，教育に関する条約の締結も行う。内閣を構成する国務大臣の一人である文部科学大臣は文部科学省の長であり，内閣総理大臣によって任命される。その役割は，①文部科学省の事務を統括し，職員の服務を統督する，②教育関係の法律・政令の制定や改廃が必要な場合は内閣総理大臣に案を提出して閣議を求める，③法律・政令の施行にあたって，またはそれらの特別の委任に基づいて文部科学省令を発する，④所掌事務について公示を必要とする場合は告示を発する，⑤所掌事務について命令・示達するために所管の諸機関・職員に対して訓令・通達を発する，⑥行政機関相互の調整を図る必要がある場合は関係行政機関の長に対して必要な資料の提出・説明を求め，当該関係行政機関の政策に関して意見を述べる，といった権限を有している（国家行政組織法第10～15条）。これらの責務を果たすにあたって文部科学大臣の下には文部科学副大臣が2名置かれている。

(2) 文部科学省

　「文部科学省」という名称はその前身である文部省が2001（平成13）年の中央省庁の再編で旧総理府の外局であった科学技術庁と統合した際に新しく採用さ

```
┌─────────────────────┐                              スポーツ庁
│ 文部科学大臣          │                    ┌─────────────────────────────┐
│ 副大臣(2名) 大臣政務官(2名)│                │ スポーツ庁長官               │
│ 事務次官              │                    │   ┌─ 政策課                 │
└──────┬──────────────┘                    │   ├─ 健康スポーツ課          │
       │                                    │   ├─ 競技スポーツ課          │
       ├─ 文部科学審議官(2名)                │   ├─ 国際課                 │
       ├─ 秘書官                            │   ├─ オリンピック・パラリンピック課│
       │                                    │   ├─ 参事官(地域振興担当)    │
       ├─ 大臣官房 ─┬ 人事課  政策課         │   └─ 参事官(民間スポーツ担当) │
       │          │ 総務課  国際課         └─────────────────────────────┘
       │          └ 会計課
       │                                    文化庁
       ├─ 文教施設企画部 ─ 施設企画課 計画課   ┌─────────────────────────────┐
       │                  施設助成課 参事官   │ 文化庁長官                   │
       │                                    │  ├─ 長官官房 ─ 政策課         │
       ├─ 生涯学習政策局 ─ 政策課    社会教育課 │  │            著作権課       │
       │                 生涯学習推進課 青少年教育課│ │            国際課         │
       │                 情報教育課  男女共同参画学習課│├─ 文化部 ── 芸術文化課    │
       │                             参事官   │  │            国語課         │
       │                                    │  │            宗務課         │
       ├─ 初等中等教育局 ─ 初等中等教育企画課 特別支援教育課│├─ 文化財部 ─ 伝統文化課  │
       │                  財務課    国際教育課│  │            美術学芸課     │
       │                  教育課程課 教科書課 │  │            記念物課       │
       │                  児童生徒課 健康教育・食育課│ │            参事官         │
       │                  幼児教育課 教職員課 │  └─ 特別の機関 ─ 日本芸術院   │
       │                             参事官   └─────────────────────────────┘
       │
       ├─ 高等教育局 ─ 高等教育企画課 医学教育課
       │              大学振興課    学生・留学生課
       │              専門教育課    国立大学法人支援課
       │
       ├─ 私学部 ── 私学行政課 参事官
       │           私学助成課
       │
       ├─ 科学技術・学術政策局 ─ 政策課      研究開発基盤課
       │                       企画評価課  産業連携・地域支援課   ┌─ 施設等機関 ─ 国立教育政策研究所
       │                       人材政策課                      │              科学技術・学術政策研究所
       │                                                      │
       ├─ 研究振興局 ─ 振興企画課   学術研究助成課              └─ 特別の機関 ─ 日本学士院
       │              基礎研究振興課 ライフサイエンス課                         地震調査研究推進本部
       │              学術機関課   参事官(2名)                              日本ユネスコ国内委員会
       │
       ├─ 研究開発局 ─ 開発企画課   宇宙開発利用課
       │              地震・防災研究課 原子力課
       │              海洋地球課   参事官
       │              環境エネルギー課
       │
       └─ 国際統括官
```

文部科学省定員　2,118人
本省定員　1,764人
スポーツ庁定員　121人
文化庁定員　233人

平成27年10月1日

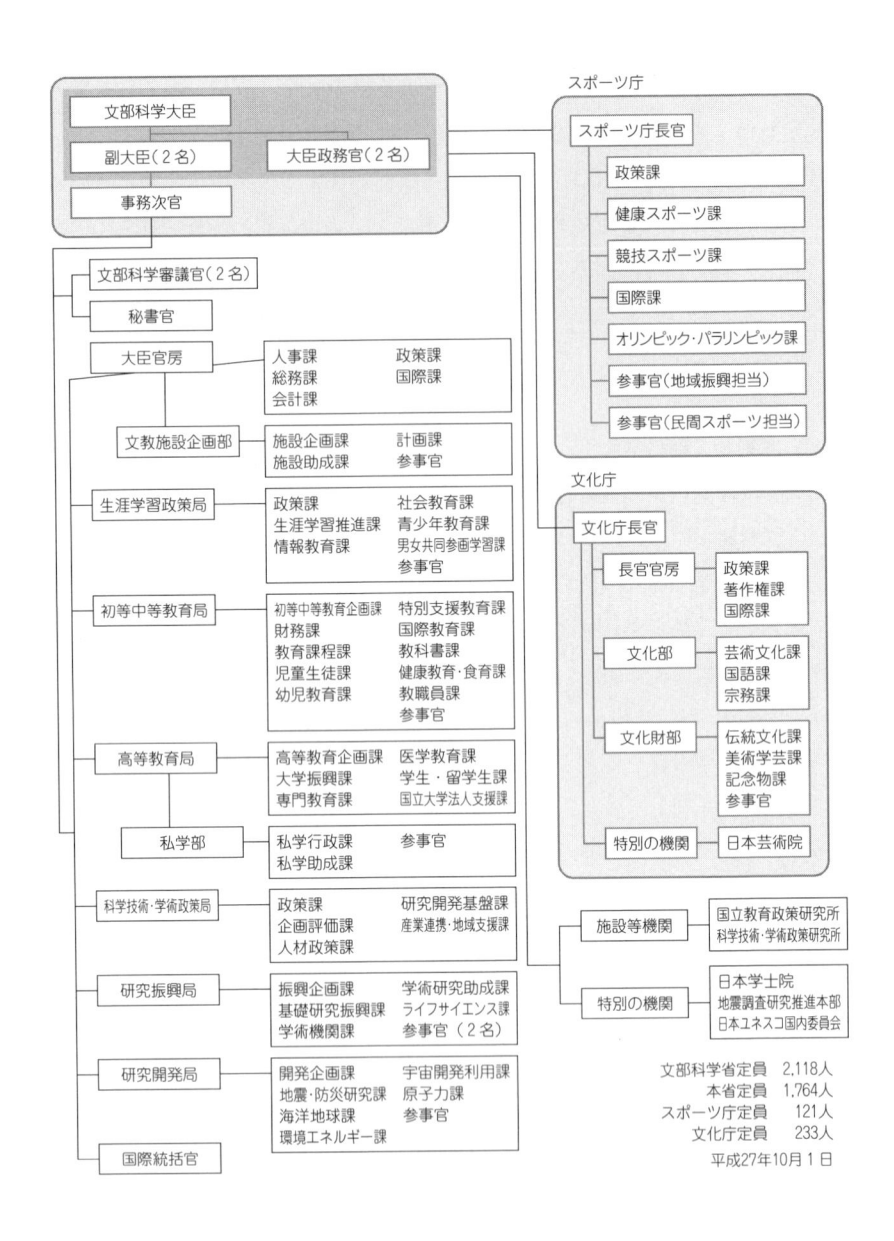

図9-2　文部科学省の組織図（平成27年10月1日現在）

（出所）文部科学省ホームページより（http://www.mext.go.jp/b_menu/soshiki2/04.htm）

れたものである。

　文部科学省の任務は，教育の振興と生涯学習の推進を中核とした豊かな人間性を備えた創造的な人材の育成や，学術・スポーツ・文化，科学技術の振興を図ることにある。また，宗教に関する行政事務も担当している。図9-2に示すように，組織は大臣官房，国際統括官，6局（生涯学習政策局，初等中等教育局，高等教育局，科学技術・学術政策局，研究振興局，研究開発局）で構成され，外局としてスポーツ庁と文化庁が置かれている。

(3) 審議会

　審議会とは，行政機関に附属する合議制の諮問・調査機関の総称である。大臣は重要事項について審議会に諮問を行い，その答申の結果を尊重しながら政策を決定していくため，大きな影響力をもっている。

　教育関係の審議会では中央教育審議会がその中心的な存在であり，文部科学大臣の諮問に応じて重要事項を調査・審議している。文部科学大臣の任命する30人以内の委員で構成され，委員の任期は2年で再任可能である。4つの分科会（教育制度，生涯学習，初等中等教育，大学）で構成されており，その議事録や答申等はホームページ上に公開されている。教育関連の審議会には他に科学技術・学術審議会，スポーツ審議会，文化審議会，教科用図書検定調査審議会，大学設置・学校法人審議会などがある。

　審議会が置かれる理由としては，学識経験者等の専門的な知識や経験を行政に反映させること，第三者の意見を取り入れることで公正中立な行政を行うことなどが挙げられる。

(4) 首相直属の諮問機関

　近年，教育に関する首相直属の諮問機関が置かれ，大きな影響力を発揮している。教育改革国民会議（2000-2001）が行った提言は2006（平成18）年12月の教育基本法改正のきっかけとなった。また，教育再生会議（2006-2008）は4次にわたる報告を行い，ゆとり教育の見直しと学力向上，教員の質の向上，学

校の責任体制の確立，教育委員会の改革，大学・大学院の改革などを提言し，多くの事項が国レベルで実現された。さらにそのフォローアップとして設置された教育再生懇談会（2008-2009）においても様々な重要事項が議論された。近年は，教育再生実行会議（2013～）において，いじめ問題，教育委員会制度，高大接続・大学入学者選抜の在り方等，さまざまな提言が公表されている。このような諮問機関による提言は今日の教育改革に大きな影響力をもっており，教育政策の形成は官邸主導で行われているといっても過言ではない。上述した中央教育審議会答申とともにその動向や提言内容には常に注目しておく必要がある。

3 教育行政の改革動向

（1）地方分権化と国の役割・責任の強調

　以上のように教育行政は教育委員会，文部科学省をはじめとして様々な機関によって実施されているが，その改革の方向は地方分権化の推進と国の役割・責任の強調が同時に進行している状況にあるといってよい。

　まず，地方分権については国から地方へ，都道府県から市町村，さらに学校へ権限委譲が進められ，地域の実情に応じた教育の実現を図ることがめざされている。例えば，校長は編成した「教育課程」について，教育委員会に対して届け出もしくは承認を求める必要があるのだが，学校管理規則などによって，「届け出」（つまり承認を得る必要はない）としているところが8割を越えている。校長の裁量によって執行できる「学校裁量予算」を導入しているところも増えている（文部科学省「教育委員会の現状に関する調査」（平成27年度間）より）。授業内容・方法の面でも，2003（平成15）年に学習指導要領が最低基準とされ，2008（平成20）年にはそれまで存在していた「はどめ規定」が見直され，これにより各学校が創意工夫できる余地は増した。

　このような動きがある一方で，全国的な教育水準の確保という観点からは国の役割もまた強調されるようになっている。例えば，文部科学省は2007（平成

19）年から小学校6年生と中学校3年生に対して全国学力・学習状況調査を開始している。この調査は学力や学習環境等の状況をきめ細かく把握し，教育施策や指導の改善につなげていくことが目的とされており，各教育委員会と学校は全国的な状況との関係において自己の教育の成果と課題を把握し，検証・改善していくことが求められている。

（2）教育委員会の制度改革

　2014（平成26）年6月の地方教育行政法の改正にあたっては，教育委員会の設置を地方公共団体の選択に委ねるべきとの意見や教育委員会と首長部局の権限配分を地方公共団体の自主性に委ねるべきとの意見があった。しかし，このような教育委員会改廃論に対してはこれまで教育委員会の長所とされてきた教育行政の政治的中立性確保，安定した行政執行，住民自治等の点からみて問題があることも一方で指摘されている。最終的に新制度では教育委員会は引き続き必置とされ，教育委員長と教育長を一本化した新教育長のもとでレイマン・コントロールの考え方も継続されることとなった。

　しかし，選出された教育委員の活動が形骸化しているという批判もまた存在する。そこで，近年は教育委員の研修，学校訪問，都道府県と市町村の教育委員による意見交換会の開催など様々な取り組みが行われるようになっている。2007（平成19）年の地方教育行政法の改正では教育委員は自らが教育行政の運営に関する重要な責任を負っていることを自覚し，教育の機会均等や教育の水準の維持向上，地域の実情に応じた教育の振興が図られるよう，公正かつ適正な教育行政を行っていかなければならないことが強調された。この実現のため，文部科学大臣と教育委員会は教育委員の研修を主催したり指導・助言を行っていくこととなった。今後は，なお一層の研修の充実等が期待されるところである。

　教育委員会事務局の充実もまた大きな課題である。特に市町村教育委員会の事務処理体制の充実が望まれている。人口規模の小さな自治体の教育委員会のなかには，財政上の理由から事務局に指導主事等の専門職員を置かず，教育長

と数名の職員で職務を行っているものがある。しかし,地方分権化が進行するなかで,こうした小規模の事務局では十分に対応することが難しくなってきている。そこで,近隣の教育委員会で事務組合を組織したり,広域連合化を図ったりすることで事務処理体制の充実や効率化を推進することが必要とされている。現在,全国各地で市町村合併が進んでいるが,これはすなわち教育委員会の合併・再編も意味している。これを契機としてさらなる事務局の充実が求められる。

　さらに,今後は教育行政への保護者・地域住民の参加の促進も求められる。地域の実態を反映した学校運営や教育行政施策を実施していくためには,政策づくりや行政に保護者・地域住民が積極的に参加することが必要である。そのために,教育委員会は会議の公開,教育行政に関する意見・要望などの相談窓口・職員の設置を行うようになっている。

　最後に教育委員会の自己点検・評価について触れておきたい。平成20年度より教育委員会は自身の活動状況について点検・評価を行い,その結果に関する報告書を作成し,議会に提出・公表することが義務づけられるようになった。例えば高知県教育委員会では「平成19年度高知県教育委員会施策に関する点検・評価」(2008〔平成20〕年12月)において61事業の達成状況を5段階評価し,改善すべき課題を明確にしている。教育委員会内部では作業を進める段階で「そもそも,教育委員会の施策は,アウトカムの指標がないので評価できない。今まで評価しようのない仕事をしてきたことが改めて分かった」という意見が出されたという。そのため,この反省を踏まえて次年度の予算編成時より個別事業について「目的」「目標」「内容」「見込まれる具体的な成果」を明らかにした上で予算編成および事業執行が行われることになった(文部科学省,2009：65-73)。こうした取り組みは教育改善のPDCAサイクルを確立し,より効果的な教育の実現を図っていく上で重要である。今後,各教育委員会は試行錯誤を重ね,自己点検・評価を通じて教育委員会の活性化に向けた様々な取り組みを推進していくことが期待されている。

[謝辞] 執筆にあたり，山口市教育委員会および山口市内小学校の校長の皆様より貴重なコメントとアドバイスをいただきました。心より感謝申し上げます。

学習課題

(1) 現在住んでいる都道府県・市町村の教育委員会の組織と役割についてインターネット等で調べてみよう。
(2) 教育委員会会議の議事録を読んでみよう。また，教育委員会の会議は公開されているので一度傍聴してみよう。
(3) 本章を参考に，今度はあなた自身が教育委員会事務局の勤務経験をもつ教師から，そこでの勤務経験がその後の教育活動や職務に与えたインパクトを尋ね，教師にとっての行政経験の意味を考えてみよう。

参考文献

岡本徹・佐々木司編著（2009）『新しい時代の教育制度と経営』ミネルヴァ書房。
小川正人（2006）『市町村の教育改革が学校を変える――教育委員会制度の可能性』岩波書店。
河野和清編著（2006）『教育行政学』ミネルヴァ書房。
河野和清編（2008）『現代教育の制度と行政』福村出版。
田代直人・佐々木司編著（2006）『教育の原理――教育学入門』ミネルヴァ書房。
文部科学省（2009）『教育委員会月報』6月号，第一法規株式会社。

（吉田香奈）

第10章
学校という制度

　学校は私たちが最も慣れ親しんだ場所といってよい。睡眠時間を除けば，一日の大半を学校で過ごす。今の日本ではほとんどの者が，小学校，中学校，高等学校と少なくとも12年間を学校で生活している。幼稚園や大学等に通う者なら，20年もしくはそれ以上の長きにわたって学校に身を置くことになる。

　学校に限らないが，慣れ親しんだ場所というのはわかっているようで案外とわかっていない。当たり前すぎることは意識にのぼらず，自覚すらしないからである。ある文化に特有なもの（文化コード）は，その文化に属する人には意識されにくく，したがって記録にも記憶にも残りにくい。

　そこで私たちには，知っている（つもりになっている）学校を相対化する作業，つまり学校に近づきすぎずむしろ距離を置いて見るという作業が必要になる。慣れ親しんでいる学校を制度として見つめ直し，今までとは違った角度から学校をとらえてみよう。「なにやら難しそう」と思うかもしれないが，そんなことはない。他県・他地域の出身者と友達になり行動をともにするなかで，自分自身の方言や生活様式に気づかされることがあるだろう。そうした場面を思い起こせばよい。「学校」についても，それと同じような経験をしようというのである。そのための「きっかけ」を提供する。それが本章の役割である。

1　「学校」の意味と成り立ち

(1)「スコレー」とは
　学校とは何をするところかと問われたら，多くの人は「勉強をするところ」と答えるのではないだろうか。そう，勉強するところ，つまり学問や技術を学ぶところが学校である。

学校を意味する西欧の言葉は，school（英語），Schule（独語），école（仏語），escuela（スペイン語），scuola（イタリア語），skola（スウェーデン語）などだが，これらはいずれも古代ギリシャ語の「スコレー（σχολή）」に由来する。スコレーとは，余暇，閑暇，つまり「労働からの自由」のことである。このことは，支配者である貴族階級が自由な時間を過ごすための場所がすなわち学校であったことを表している。

　「自由な時間」は，古くは経済的豊かさ，社会的地位の高さを象徴するものであった。古代ギリシャ，ローマ時代を通じ，社会経済生活の基盤となっていたのは奴隷制度である。貴族階級や市民権をもつ富裕層は多数の奴隷や被征服者の上に君臨し，過酷な労働に従事することから自由であった。彼らは学者たちのもとに通い，哲学，論理学，倫理学，幾何学などの諸学問を学び，そして勉学を楽しんだ。特権的知識人である彼らの学問的指向は「教養」にあった。プラトンが創設した哲学の学校である『アカデメイア』や，そこで学んだアリストテレスが作った『リュケイオン』は，いずれも貴族的特権的教養を豊かにするための場だった。

　時代が下れば，庶民階層のための学校も作られていく。しかしその設置は貴族階級の学校に比べれば圧倒的に遅かった。しかも身分制社会をそのまま反映し，貴族階級の学校と庶民の学校とはまったく別個のものとして成立していった。

（2）下構型学校系統

　ヨーロッパでは，王侯や僧侶，騎士たちの教養教育は，宮廷内の学校や教会附属学校で行われることもあったが，基本的には邸内に雇い入れられた住み込みの「家庭教師」（養育係）によって行われた。12, 3世紀頃から大学が成立し始め，貴族階級の男子のなかには大学で学ぶ者が出てきた。大学の起源はそもそも法学，医学，神学など高度な専門技術の修得のために著名な学者のもとに集まった学生たちが，自らの生活条件や諸権利を守るために同業者組合（ギルド）にならって組織した学生組合（ウニフェルシタス）であるといわれる。最

古の大学として，ボローニャ大学（イタリア），サレルノ大学（イタリア），パリ大学（フランス），オックスフォード大学（イギリス）などが知られている。

中世のヨーロッパに誕生した大学は，やがては教会や国家によって制約を受けるようになり，ラテン語など古典語中心の学問研究の場へと変化し，保守的貴族的性格を強くしていった。弁護士や医者は職業を営むのにラテン語が欠かせなかったし，当時の知識人たちはラテン語を通してギリシャやローマの古典を学び古代世界に親しんだ。ヨーロッパにおける大学の公用語はラテン語となり，大学入学者がその修得者に限られるようになると，ラテン語の文法教育を中心に行う学校が各地にできていった。グラマー・スクール（イギリス）やギムナジウム（ドイツ）などがそうである。これらは，大学への入学準備教育を施す中等教育機関である。ラテン語文法学校の下には，その学校に入るための予備学校がさらにつくられていった。

このように，まず上級の学校が存在し，そこへの入学を希望する者のためにその学校の下に予備学校が設けられるというように「上から下」に向けて構築されていった学校系統を「下構型学校系統」という。貴族や富裕階層のための学校はこうした順序でできあがっていったのである。

（3）上構型学校系統

一方，庶民の多くは長らく文字の読み書きとは無縁の生活を送っていた。生きていく上でそれが特に必要ではなかったからである。しかし近世以後の諸都市で交易や商業活動が活発化し，家庭でも子どもを学ばせるだけの余裕が出てくると，基礎的な読み（reading）・書き（writing）・計算（arithmetic），すなわちスリー・アールズ（3R's）を学んだ。日々の暮らしのなかで，彼らにもスリー・アールズが求められるようになったのである。庶民の学問的指向は，実際生活において直接的に役立つものを学ぶ「実学」にあった。

プロテスタントとカトリックの教会は，17世紀頃には慈善活動の一環として庶民のための学校を設置した。カトリックの神父であったフランス人のラ・サールも，貧しい児童のための無月謝学校である「キリスト教学校修士会」を

1684年に設立している。18世紀末には，日曜日の礼拝後に簡単な読み書きを教える「日曜学校（Sunday school）」を開く教会も出てきた。また同じ頃，文字がわかる一般女性が自宅に近所の子どもを集めて教える「おかみさん学校（dame school）」も見られるようになった。家庭以外の場所に行って学ぶということが庶民の間にも浸透していったのである。

しかし庶民が学ぶ学校が学校体系のなかに本格的に位置づき，すべての者がそこで教育を受けるようになるには，「近代」という時代を待たねばならなかった。それ以前，すなわち近世までは，庶民のなかでも比較的裕福な者だけが通学した。上流階層のなかには，「農民に知的教育や教養は必要ない」「社会的ヒエラルキーが崩壊してしまう」「労働力が不足する」といった考えをもち庶民が学ぶことに否定的な者もいた。当の庶民の側にも学ぶことの意味を認めない者もいた。子どもは貴重な労働力として，農作業や家事，子守りなどにたずさわっていたからである。

近代に入ると，一般庶民に日常的に必要な知識を教える学校，すなわち小学校が各地につくられるようになり，義務教育制度も整っていく。その後，機械文明のさらなる発達によってより多くの余暇，閑暇が広く享受されるようになり高度な知識や技能が多くの人々に求められるようになると，進学熱は高まり，小学校の年限は延長され，その上に職業教育を施すための学校が設置されていった。こうした発展過程は「下から上」へと向かうものであった。このようにして構築された学校系統のことを「上構型学校系統」という。

2 日本の学校

（1）近代以前の学校

今まで述べてきたのはヨーロッパの話だが，わが国でも初期の学校は貴族や僧侶など「一部の者」のために組織されたものであった。彼らは文字文化による知識の継承，文化の発展に携わることを許された有閑階級を形成していた。

西暦600年代の後半には，「大学寮」と呼ばれる官吏養成機関が設置されてい

る。奈良・平安時代にかけて存在した大学寮は，基本的に貴族の子弟に限って文字や数学を教えた。日本で初めて「学校」という名称が用いられた教育機関とされているのが，鎌倉時代の末期に下野国足利（今の栃木県足利市）に建立された「足利学校」である。禅僧によって管理運営されていたこの学校の主たる学生はやはり僧侶で，儒学，易学，天文学，暦学などを学んだ。江戸時代になると各藩は「藩校」を設置した。藩校は藩士が儒学を基本とした漢学や武芸を学ぶ学校であった。四書五経をはじめとする漢籍の素読により読書人口は増え，日本文化の向上・発展に大きく貢献した。

　一般庶民のための学校としては「寺子屋」があった。寺子屋は近世にできた私的な学校で，その名称は檀家の子ども（寺子）が寺院に来て僧侶から文字の読み書きを教えてもらったことに由来する。僧侶は，一般庶民に最も身近な教養ある人であった。

　その寺子屋は，特に江戸中期以後の商業の発展にともなって急速にその数を増やす。商品経済の発達が町人に読み，書き，算盤の修得を促したからである。やがて農作物が市場に出まわるようになると，農民にも同様のことが求められるようになる。僧侶のほかにも武士，町人，医者などが寺子屋を開設するようになり，教えを請う子どもに「手習い」を教えた。江戸末期におけるわが国の識字率は先進諸国を凌ぐほど高かったといわれるが，それも寺子屋の普及に負うところ大であった。ちなみに復習することを「おさらい」というが，「浚い」は寺子屋でも用いられていた言葉である。

　わが国の場合，ヨーロッパのような下構型，上構型の学校体系はできなかったし，明治時代以前は学校に明瞭な段階性は存在しなかった。しかし藩校と寺子屋というように，身分によって別々の学校種が存在していた点は同じであった。異なる身分の人間同士が特定の空間を共有することなどほとんどなかった時代においては，それも当然のことである。

　以上はあくまで大摑みな理解である。武士だけでなく庶民の子どもの教育のために藩が設立した「郷学」（例えば岡山県閑谷学校）という学校もあった。それはちょうど藩校と寺子屋の中間的存在といえる。また，寺子屋や藩校を終

え，なお向学心に燃える若人に知的活力を与えた民間の教育機関「私塾」（例えば，咸宜園，適塾，松下村塾）も存在した。そこでは武士や庶民の子どもが学んだ。なかには昌平校や藩校を凌駕するほどの教育を行い，後に日本のリーダーとなる人物が輩出した私塾もある。郷学も私塾もそして寺子屋も，特に江戸後期から末期にかけてその数を増やしているが，それはちょうど時代が近世から近代に移行しようとする時期でもあった。

（2）学問への動機づけ

　明治維新後，新政府は欧米の教育制度を模範としながら，全国的な学校制度を敷設するための教育法令である「学制」を1872（明治5）年に公布した。学制は，全国を8大学区，各大学区を32中学区，各中学区を210小学区に区分し，各学区にそれぞれ1つの学校を設置しようという計画であった。修業年限は，小学校8年，中学校6年，大学3年である。政府は小学校によって国民共通の教育を施し，優秀な者にはそこから先，中学校（現在の中・高等学校に相当），大学への進学を期待した。学制はすぐ改正され，1879（明治12）年には廃止，その後は教育令や各種の学校令が出されていくことになるのだが，わが国において初めて，すべての者が学ぶ学校を統一的に設置した法令として非常に重要な意味をもつものである。

　学制発布の前日には，「学事奨励ニ関スル被仰出書」あるいは「学制序文」と通称される太政官布告が公布されている。これは学制の理念，学校で教育を受ける意義などを説いたものであるが，そこには個人主義，実学主義に基づく教育観を見て取れる。それ以前にも寺子屋などが庶民のための学校として存在していたわけだが，しかし「学問は士人以上のこととし農工商及び婦女子に至ってはこれを度外にをき」というのが大方の実状であった。また「士人以上の稀に学ぶもの」も，「国家」（ここでは幕藩体制下の幕府や藩の意味）の為に学問を行っていたわけであって，学問は「身を立るの基たるを知らず」とその態度を完全に否定している。学校は立身・治産・昌業のために役だつものでなければならず，学ばない者がいないようにしなければならないと宣言している。

資料10-1　学事奨励ニ関スル被仰出書（学制序文）

人々自ら其身を立て其産を治め其業を昌にして以て其生を遂ゆゑんのものは他なし身を修め智を開き才芸を長ずるによるなり　而て其身を修め智を開き才芸を長ずるは学にあらざれは能はず　是れ学校の設あるゆゑんにして日用常行言語書算を初め士官農商百工技芸及び法律政治天文医療等に至る迄凡人の営むところの事学あらざるはなし　人能く其才のある所に応じ勉励して之に従事し而して後初て生を治め産を興し業を昌にするを得べし　されば学問は身を立るの財本ともいふべきものにして人たるもの誰か学ばずして可ならんや　夫の道路に迷ひ飢餓に陥り家を破り身を喪の徒の如きは畢竟不学よりしてかかる過ちを生ずるなり　従来学校の設ありてより年を歴ること久しといへども或は其道を得ざるよりして人其方向を誤り学問は士人以上の事とし農工商及婦女子に至つては之を度外にをき学問の何物たるを弁ぜず又士人以上の稀に学ぶ者も動もすれは国家の為にすと唱へ身を立るの基たるを知らずして或は詞章記誦の末に趨り空理虚談の途に陥り其論高尚に似たりといへども之を身に行ひ事に施すこと能はざるもの少からず　是すなわち沿襲の習弊にして文明普ねからず才芸の長ぜずして貧乏破産喪家の徒多きゆゑんなり　是故に人たるものは学ばずんばあるべからず　之を学ふには宜しく其旨を誤るべからず　之に依て今般文部省に於て学制を定め追々教則をも改正し布告に及ぶべきにつき自今以後一般の人民華士族農工商及婦女子必ず邑に不学の戸なく家に不学の人なからしめん事を期す　人の父兄たるもの宜しく此意を体認し其愛育の情を厚くし其子弟をして必ず学に従事せしめざるべからざるものなり　高上の学に至ては其人の材能に任かすといへども幼童の子弟は男女の別なく小学に従事せしめざるものは其父兄の越度たるべき事

　但従来沿襲の弊学問は士人以上の事とし国家の為にすと唱ふるを以て学費及其衣食の用に至る迄多く官に依頼し之を給するに非ざれば学ばざる事と思ひ一生を自棄するもの少からず　是皆惑へるの甚しきものなり自今以後此等の弊を改め一般の人民他事を抛ち自ら奮て必ず学に従事せしむべき様心得べき事

右之通被　仰出候条地方官に於て辺隅小民に至る迄不洩様便宜解釈を加へ精細申諭文部省規則に随ひ学問普及致候様方法を設可施行事

　　　　　　　　　　　　　　　明治五年壬申七月　太政官

当時の多くの日本国民にとって，学校は非常に新奇な制度であった。今では当たり前の「学校へ行く」（学校に通わせる）ということが，このような説明によって動機づけられなければならなかったのである。

3　近代の学校の意味

（1）選抜と社会化

すべての人が学ぶという意味での学校が各地につくられ義務教育制度が整うのは「近代」に入ってからであるということを先に述べた。では，なぜ「近代」なのだろう。そもそも「近代」とはどういう時代なのだろう。

18世紀末から19世紀に至る産業革命は各国に急激な経済発展をもたらした。それによる富の蓄積により，より広い庶民層が学校教育を受けるだけの経済的余裕，時間的余裕をもつようになった。また機械化により，それまで存在していた伝統的な徒弟制度は崩れ，計画的な職業教育が必要とされた。さらにはフランス革命以後芽生えた民主主義によって，教育を受けることは市民の権利であると考えられるようにもなった。これらはいずれも近代の制度としての学校の設置を促した。

しかし，それにも増して重要なのは次の2点である。1つは，身分制を否定した近代国家が，国家にとって有用な人材の発掘を行う「選抜システム」を必要とし，その役割を学校に担わせた点である。身分制社会では，多くの場合，身分や職業は親から子へと引き継がれるため，選抜システムを必要としない。しかしそれを完全に否定した近代は，いずれかの方法で人を選ばざるを得ない。仮にそれをしなければ，国家はすぐさま立ちゆかなくなる。近代における学校は身分や生まれに関係なく誰でも入学できる場所，また入学しなければならない場所である。学業を修めた者には卒業証書によってそれが証明される。その「証明書」は公的に認められた，通用性の高い「資格」なのである。

もう1つは，近代が「社会化装置」を欲し，学校がその機能を果たすことが期待された点である。一般に社会は構成員に対して「社会化」を行うが，特に

列強・列国が緊張関係のなかで並存し，互いに領土の拡大を狙うような近代初期にあっては，国家は国内をまとめ上げ，ナショナリズムを醸成する必要があった。学校は，社会の構成員（国民）に対し支配的な価値を教え，国民を教化する，そのための重要な装置（しくみ）なのである。今でも（「今」も近代の一部である），特に小学校から高等学校段階までの間に教えられる知識は，日本という国によってオーソライズされた内容であり，それを学ぶことによって我々は日本社会へと社会化されている（その意識はあまりないかもしれないが）。知識だけではない。制服の着用，給食の食べ方，部活動の先輩・後輩関係，卒業式の執り行い方などあらゆることを通じて，私たちは日本人になっていくのである。日本人として生まれただけでは，「日本人」にはならない。

以上のように，近代国家からみた学校は国民の選抜を行い，社会化を行うところである。学校は個人が勉強するところにとどまらない。

（2）"イメージ"のなかの学校

みなさんにとっての「学校」とはどのようなイメージだろう。いきなりそう問われても困ると思うので，例えば，「小学校」を「書道塾」（あるいは茶道，華道，日本舞踊などの教室）と比較してみるとよいだろう。

まず小学校。小学校は，一定の場所に小学校としての建物を構えている。学年，クラスという同一年齢集団を対象に体系化された課程に基づいた授業が行われる。授業は朝から午後まで，間に給食を挟んで6時間ほどある。学習者である小学生の入学と卒業はそれぞれ4月と3月に限られており，入学式・卒業式という儀式が執り行われる。担任の先生は基本的に毎年代わる。小学校の全課程を修了した者には卒業証書が与えられる。

次に書道塾。書道塾はおよそ先生の自宅ないしは公民館（コミュニティセンターなどを含む）などで行われる。必ずしもそれ専用の土地，建物があるわけではない。塾生一人ひとりに「お手本」が与えられ，先生の指導を受けながら各自がそれを練習する。塾は，木曜日の午後といったようにおよその日時は決まっているが，何時何分までに行かなければならないとか，何時間いなければ

ならないと厳密に定められてはいない。ある程度書けば，生徒が終わりを判断し帰宅する。入塾は先生に認められればいつでもよい。入塾に際し入学式のような儀式はない。先生は1人であり，定期的に代わることはない。級や段位を示す証明書は与えられるが，塾としての全課程を修了するといった考え方はなく，もちろんその証明書もない。

　実は，寺子屋の学習風景は書道塾に近いものであった。一斉授業ではなく，各自の手本をもとにした個別学習，個別指導が行われていた。今の学校で行われているような集団での入学式，卒業式の類もなかった。「寺入り」といわれたいわゆる入学のとき，あるいは手習いを身に付けて寺子屋を去るときは，いずれも師匠宅を訪ね，個別に挨拶をし，礼を尽くした。今日見られるような学校の一員であるという関係性ではなく，自分が師事した師匠のもとで弟子として学ぶという師弟関係が重視されていたのである。

　小学校についてイメージした（思い起こした）こと，つまり学校という建物があって，入学と卒業があり，1年を単位として先生が代わり，全員で同じことを学び……といったことは，いずれも近代の学校の特徴である。あなたは学校といえばそういう特徴を備えたものだと自然に思ってはいないだろうか。学校をとらえ直すという作業で重要なことは，実は個々の事象ではない。あなたという人間のなかで個々の事象が互いに関連しあいながら，「学校」という意味の総体を作り上げていたこと。それを知ることこそ重要である。

4　学校という制度のとらえ方

　学校を理解する方法は様々ある。学習者個人の立場から見るのと国家という社会から見るのとでは異なることを述べた。「近代の制度」として学校をとらえ，そうではない学校（書道塾や寺子屋など）と比べることもしてみた。最後に，それらと関連はあるものの少し異なるとらえ方を提示しておこう。

(1) 学校の「系統性」と「段階性」

　学校を理解するためには，学校を包み込んでいる全体的な構造，すなわち学校体系を理解するのもよい方法である。そのためには「系統性」と「段階性」という2つの分類軸を用いるとわかりやすい。

　系統性とは，学校教育の目的，性格，内容による分類であり，例えば今日では普通教育系統や職業教育系統に区分するのが一般的である。だが，この系統性は，歴史的には階級を中心とする学習者の属性によって強く規定されてきた。先に述べた「下構型学校系統」「上構型学校系統」という分類は，学校の成り立ちの順序に着目したものであるが，それはそもそも貴族と庶民という階級の違いを反映している。他方，段階性とは，通常，初等教育，中等教育，高等教育の別で表される教育レベルを意味する。現在のわが国では，小学校は初等教育，中学校は前期中等教育，高等学校は後期中等教育，大学は高等教育を行う機関として分類される。

　こうした系統性と段階性の組み合わせによって，近代以降の学校体系はおよそ3つのモデルに大別することができる。

　第1は，国民すべてに共通の学校が存在せず，はじめから支配者層のための学校，庶民のための学校がはっきりと区別されているものであり，「複線型学校体系」といわれる。西欧諸国では貴族と庶民という階級の別によって，下構型と上構型の学校系統がまったく別個に存在するようになったが，19世紀後半に近代国家が形成されてからも，しばらくこの複線型の構造は残り，すべての国民が共通に学ぶための学校は存在していなかった。

　しかし，複線型の学校体系を維持していたのでは，学校が社会階級と強く結びついてしまうため階層の再生産が生じやすく，人々の分断が進行しやすい。これでは，教育の機会均等がはかれず，近代国家にとって必須である国民意識の形成と優れた人材の発掘も期待できない。そこで西欧諸国は，身分や階級による選抜を理念の上で否定し，初等教育段階にすべての国民に共通の学校を設けた。そして，その上の中等教育段階以降は，大学進学準備教育を施すための学校，社会に出て職業に就くための準備を行う学校など，明確に枝分かれした

複数の学校を設置する学校体系を構築した。これが第2の体系，すなわち「分岐型学校体系」である。

ところが分岐型学校体系をもってしても，複線型に生じた問題が完全に解消するわけではない。中等教育段階に選択する学校によっては，その後の上級学校への進学機会が閉ざされてしまうからである。例えば，職業教育系統の学校にいったん入学すると，そこから進路を変更して大学へ進学することはほぼ不可能であった。また，大学にまで開かれている進路を選択できるのは，事実上富裕層に限られていた。

そこで特に第二次大戦後になると，教育機会を一層均等化するために，学校を分岐させることなく，いずれの中等学校に進学しても，大学への進学機会を保障しようとする機運が高まり，各国は「単線型学校体系」を構築していった。これが第3の学校体系である。アメリカは，階級分化がヨーロッパほど明確ではなく，また歴史も浅かったため，他国に先駆けて19世紀末から単線型の学校体系を構築していた。わが国の学校体系も，戦後アメリカの影響を受けて単線型に改められた。イギリスやフランスなどの国も大戦後このような体系をとるようになった。

（2）制度化した学校に対する批判

近代はすべての者が学校に通って教育を受けることを義務づけたが，1970年頃になると「脱学校論」といって，制度化してしまった学校を否定する考え方も出てくるようになった。学校をつくれば教育は発展する。学校に行けば人は幸せになる。学校にはこのような期待が寄せられてきた。前掲の「被仰出書」も似たような論理で学校教育を正当化していた。しかし，はたして学校によって私たちの夢は叶い，幸せはもたらされただろうか。

学校化された社会をわれわれは無条件で「善」ととらえている。一種の信仰のように，とにかく学校に行く。行くことによって，成績の良い者と悪い者，上級学校（あるいは有名校）に進学できる者とできない者とが区分される。身分制社会ではないので，（少なくとも表面的には）みんなにチャンスがあると

いうことになっている。「やればできるよ」とか「頑張れ！」という励ましの言葉は、やってもできない、頑張ってもできないことの理由をその人個人に求めていく。学歴や学校歴という公的な資格証明書によって、当人に「烙印（スティグマ）」が押される場合もある。仮に家庭の経済状況など、当人にはいかんともしがたい事情が多大な影響を及ぼしているとしても、資格付与の過程でそれが直接的に斟酌されることはない。

　本来は人間が使いこなすべき「機械」によって逆に人間が支配されてしまうことがあるように、人間の生み出した学校という制度によってわれわれは支配されてしまっている。学校化した社会は、学校という価値（学校に行くことや学校で学ぶことなどを含む）を無批判によいものとみなす「価値の制度化」に陥っているが、当たり前すぎるがゆえにそれに気づかない。そこから抜け出すべきである。論者によって多少の違いはあるが、「脱学校論」とはおよそこのような考え方である。

　学校以外では、例えば病院も「制度化している」といわれる。病気になったら病院に行く。たしかにそれは間違いではないが、その考え方を無批判かつ過剰に受け入れると、病院に行くこと自体が目的化してしまい、とにかく医者に診てもらい薬をもらって飲めばよいということになってしまう。

　制度化された学校を否定する者のなかには学校に通うことを拒み、「ホームスクール」といって家庭を中心に親が教育を行うという学習スタイルをとっている者もいる。就学義務制を基本とする近代の学校制度において、このホームスクールという個人主義的な制度をどのように取り扱えばよいかは、きわめて重要な社会的課題となっている。

　「脱学校論」については、ここではこの程度の簡単な紹介しかできない。しかし、病院のおかげで怪我や病気が治った人がたくさんいるように、学校という制度によって生まれや身分に関係なくチャンスをいかし社会移動を成し遂げた人がいることもまた事実である。自分から喜んで学校に通っている子どもだって、もちろんたくさんいる。慣れ親しんできたはずの学校における「光」と「影」を臆せず見ようとする姿勢、そしてそのいずれもが、もしかしたら幻影

や誤謬である可能性を含んだ上で学校を探求しようとする姿勢こそ，誠実で真摯なものだろう。特に初学者には期待したいところである。

> **学習課題**
>
> (1) 本文中では，小学校と書道塾を比較したが，例えば小学校と中学校を比較することもできるし，中学校と学習塾を比較することもできる。また自分の通った中学校を友人の通った中学校と比べることもできる。こうした比較によって共通点と相違点を浮かび上がらせるとともに，そのような諸点が存在する理由を検討してみよう。
>
> (2) 学校や病院以外にも，人間が作り上げたしくみが「制度化」してしまい，それによって私たちの考えや行動が知らない間に束縛されている（と考えることができる）例はたくさんある。特定のものを取り上げ，「制度化」の状況について記述してみよう
>
> (3) 本文中ではふれていないが，外国人が日本の学校をどのように見ているのか，どのように見えているのかを教えてくれる本はたくさんある。1冊を選び，その認識についてあなたなりに検討を加えてみよう。

参考文献

石附実（1995）『教育の比較文化誌』玉川大学出版部。
イヴァン・イリッチ（1977），東洋・小澤周三訳『脱学校の社会』東京創元社。
教育制度研究会編（1995）『要説教育制度　全訂版』学術図書出版社。
広岡義之編著（2007）『教育の制度と歴史』ミネルヴァ書房。

（佐々木　司）

第11章
社会教育のしくみと課題

　「いま，改善すべき教育の課題には何があると思いますか？」と尋ねられたとき，あなたはどう答えるだろう。現実の教育課題は，家庭教育から学校教育にいたるまでとてもはば広い。この質問にも，国の政策といった大きなものから身近な経験談まで，様々な答えが返ってくるだろう。

　ここで私たちの住む地域に目を向けると，公民館や近所の集会所を拠点とした子どもたちの学習活動のバックアップや高齢者との交流などにみられるように，生活に密接に結びついた教育を考える視点は，むしろ地域社会にたくさんのヒントが隠されているといえる。本章では，生涯学習時代における社会教育をとりまく状況，社会教育の組織や取り組み，課題について考えてみよう。

1　生涯学習と社会教育

(1) 生涯学習論

　近年，グラウンドゴルフが流行している。休日には，学校の運動場でお年寄りや小学生がクラブを手にし，カラフルなボールを打ち，歓声をあげている光景によく出会う。その展開やかけひきの面白さを経験した読者もいるだろう。このスポーツは1982（昭和57）年に国の生涯スポーツ活動推進事業の一環として，鳥取県東伯郡泊村（当時）の教育委員会が中心となり考案したものである。そして今日では，初心者でも手軽に楽しむことができ，校庭，河川敷や公園などの場所と専用の道具さえ用意すればいつでも，だれでも楽しめる生涯スポーツとして普及し，愛好する人は増加している。新しいスポーツとして認知されてきたこのグラウンドゴルフの事例は，学校教育以外の場で行われる生涯ス

ポーツの可能性を拓くものとして考えることができ，地域における社会教育の新たな展望をうかがい知ることができる。

　これまでの私たちの「教育」についてのイメージは，教室で児童・生徒が机に向かい教材を広げ，教師が黒板を背にして授業を進めるといったものであった。しかし，今日ではひとつの空間にとどまらずに，一人ひとりの学習をいかに広げ，それらを組織的に整備し，地域全体に振興を図るかが生涯学習時代における視点のひとつとなっている。

　第1章で述べられたように，「生涯学習」はまず，ライフロング・エデュケーション（lifelong education：生涯教育）として，生涯学習を個人レベルにとどまらせずに，広く世界中の人々に共通するものとして認識し，公教育のレベルまで引き上げようとする意図をもっていた。わが国ではそれまでの教育観や教育政策に見直しが求められていた時期に，1965年，ユネスコという国際機関からタイミングよく提唱された目新しい教育理念であったこと，そしてとても抽象的な理念であったために，教育上のイデオロギー論争を超えて広く受け入れられ，かつ，伝統的に「学習好き」といわれる日本人の国民性になじむ性質のものであったことなどから短期間のうちに教育改革の中心的考え方となっていった。そして全国各地で「生涯学習フェスティバル」と名のつく催し物が数多く開催されるようになり，今日では，ほとんどの住民がなんらかの学習・体育活動に参加している。

　ここで個人が取り組んだ生涯学習を振り返れば，古典的生涯学習論と呼ぶべきものが古今東西にわたってみられる。孔子（B.C. 522－479）の『論語』「吾十有五にして学に志し，三十にして立ち，四十にして惑わず，五十にして天命を知る。六十にして耳順う，七十にして心の欲する所に従いて矩を踰えず」にみる志学の年，而立の年，不惑の年，知命の年，耳順の年，従心の年など節目の年としてよく知られているし，江戸期の儒学者であった佐藤一斎も『言志余録』のなかで「少にして学べば則ち壮にして為すなり。壮にして学べば則ち老いて衰えず。老いて学べば則ち死して朽ちず」と記し，学習を始めるにあたって年齢は関係なくそれぞれの時期にふさわしい学習課題があることを述べてい

る。これらは人生処訓的色彩の濃い名言，格言として，今日でも十分通用するものが少なくない。歴史的に刻苦勉励を美徳とし精神修養を重んじてきた日本人のライフスタイルに見事にマッチしたこともあって，人間は生まれた時から一生を通して学習活動にいそしみ人格を磨く必要があるといった古くからの生涯学習論が現代においてもますます脚光を浴びてきた理由がここにある。

（2）社会教育の歴史と近年の動き

　国家が関わる教育を「公教育」とよぶが，この領域のなかに「社会教育」が意識されるようになったのは明治期以降のことである。1872（明治5）年には早くも図書館（当時の呼び名は「書籍館(しょじゃくかん)」という）と博物館が誕生し，公的な社会教育がスタートした。そして社会教育施設に関する最初のさだめである図書館令（1899年）をきっかけとして，図書館は飛躍的に充実していく。博物館も殖産興業のスローガンのもとで国が力をそそぎ，明治後期には京都と大阪に設置され，それぞれの地域における社会教育の中心となった。1924（大正13）年には文部省の普通学務局に社会教育課が置かれ（1929年に社会教育局に昇格），青少年団体に関する施策についても責任をもつようになった。しかし，第二次世界大戦の進行にともなっていったん社会教育局は廃止される。

　第二次世界大戦終結後，日本国憲法の公布（1946年）により民主化をめざした教育改革のなかで，社会教育も個人の自発的学習活動を基盤とするものに変えていこうとする動きが活発になる。まず，廃止されていた社会教育局が1945年に復活し，社会教育法が1949（昭和24）年に成立した。これはわが国で初めて社会教育行政全般を対象とした初めての法律であり，社会教育に関する国及び地方公共団体の任務，公民館，社会教育関係団体，社会教育委員など，社会教育全体にわたって社会教育の展開と行政との関係を規定し，社会教育諸団体の自主性確保のため，いわゆる「ノーサポート・ノーコントロール」の原則をうたっている点で重要である。その後，1959（昭和34）年には市町村において社会教育主事が必置職となった。1971（昭和46）年には社会教育審議会答申「急激な社会構造の変化に対処する社会教育のあり方について」が示され，「家

庭教育，学校教育，社会教育の三者の有機的役割分担」，「ボランティア活動の促進」などが社会教育の採るべき方向として論点が提示された。

(3) 社会教育三法の改正

　直近の動向として，2008（平成20）年にいわゆる社会教育三法が改正された。この社会教育三法とは，社会教育法，図書館法及び博物館法の3つの法律を指す。これらの改正は新しい教育基本法において生涯学習の理念が明示された（第3条）ことを踏まえてのものである。この改正により，教育委員会の事務に地域住民等による学習の成果を活用した学校等における教育活動の機会の提供や，児童・生徒に対し放課後・休日に学校等を利用して学習等の機会を提供することなどが追加された。

　特に，子どもが巻き込まれる犯罪や事件が多発し，社会問題化している今日の状況にかんがみて，家庭や地域の教育力の回復につとめることや，子どもたちの適切な遊びや生活の場を確保することなどが緊急の課題となっている。したがって，これらの改正は当然の取り組みであり，私たちも理解しておかなければならない点である。特に，放課後や週末における子どもの活動を支援するために，「放課後子どもプラン」や「土曜スクール」をオープンするなどの施策が打ち出されており，それらのいっそうの進展が期待されている。この点については後述する。

(4) 社会教育の概念及び性格

　「社会教育」とは社会教育法（以下，社教法）第2条による規定，すなわち，「学校の教育課程として行われる教育活動を除き，主として青少年及び成人に対して行われる組織的な教育活動（体育及びレクリエーションの活動を含む。）」を指している。

　この規定に従えば，今日の制度上の社会教育とは，学校外で営まれる青少年と成人（高齢者を含む）の双方を対象とした意図的かつ組織的な教育であって，学校教育とは異なり，学習者自身の学習要求や主体性が重んじられなければな

らないという「自主性・自発性の原理」が重視されなければならない。さらに、社会教育は地域の事情に応じて日常の生活のなかで自然に取り組まれるという性格をもつことから、「日常性・地域性の原理」に立つべきものであるとされる。その性質上、学習者の興味関心や自由に委ねられるべきではあるけれども、教育委員会や役所・役場がリードする公的な性格ももっていることから「公共性・公益性」をあわせもつ必要があることはいうまでもない。

　このような性格をもつ社会教育は、どちらかといえばレクリエーションや趣味、教養を重視することが多かったが、これは参加者の興味関心や意欲に左右されることによる。この結果、「education more education の法則」と呼ばれるように、参加しようとする人はさらに多くの機会に参加する傾向にあり、もともと関心のない人たちはまったく参加しないという格差が発生するようになった。このような実態にかんがみて、文部科学省は2006（平成18）年の「新しい時代の社会教育」のなかで、新しい「公共」の形成をめざし、「国民や地域住民として必ず対処することが必要な課題についての学習」や「地域の課題解決活動」などに重点を置き、推進することを提唱している。例えば「司法制度・裁判員制度に関する教育・啓発活動」や「防犯教育・防犯活動及び防犯ボランティア活動」「防災に係る教育・啓発活動」などを挙げている。この例からもわかるように、ひとつの部局だけでは取り組むことができない活動が多い。住民が希望するテーマ（これを「要求課題」という）を講座として開催するだけでなく、裁判員制度であれば法務関係局や弁護士会、防犯教育なら警察、防災なら国土交通関係の部局といったように、関係省庁と連携して行政側が必要と考える課題（これを「必要課題」という）に取り組むことが強く求められるようになっている。

2　生涯各期の社会教育

(1) 青少年教育

　生涯各期に注目すると、義務教育段階にある学齢児童に対する教育を少年教

育，その後およそ25歳までの年齢層に対する教育を青年教育，そして高齢者の一応の目安とされる65歳を境に，それ以前を成人教育，それ以降を高齢者教育と呼んでいる。本節においては青少年教育と成人・高齢者教育それぞれどのような特質や課題があるのかをみてみよう。

　社会教育はもともと学校外活動の支援に力を入れるものであって，知育にかたよりがちな学校教育とは内容的に異なるものであった。現在取り組まれている事例をみてみると，青少年の野外活動，スポーツ活動，科学・芸術・文化活動を中心にした体験的な活動を通して，参加者に感動や充実感を与えることができるように工夫されている。また，学校開放の流れのなかで，冒頭で紹介したようにグラウンドゴルフや卓球など，休日等に学校施設を利用しての年齢を問わない様々なスポーツ交流などが盛んになっている。

　このほか，地域社会における少年教育の機会を提供する場として重要なものに，町内会や子ども会（育成会）が挙げられよう。今日では運動会やクリスマス会等の季節ごとの行事のほか，体育活動，文化的活動，ボランティア活動などが年間を通して展開され，同学年にとどまらず，異年齢間の役割分担や協同意識の形成，遊びを通しての集団活動の決まりを守ることの重視，子どもたちの興味関心の刺激にとって大きな効果を上げている。ただし，転出入が多く見られる地域やアパート・マンションが多い地域などにおいては加入する世帯の割合は決して高いとはいえず，活動実態の地域差はとても大きいことが課題である。

（2）成人・高齢者教育

　さて，今日大きな社会問題となっているように，わが国では少子化が進んで年少人口が減少し，「高齢化社会」から「高齢社会」へと世界に例をみないほどの速度で突入した。こうした実態を受けて，成人・高齢者教育をめぐる社会事情も十分に考慮しなければならない必要が生じている。

　人の一生には発達段階ごとにその時期にふさわしい学習課題（発達課題）があるとされる。成人期の発達課題には，「職業生活の確立」「社会的責任の負

担」「自己に適した社会集団の発見」などがあり，高齢期では「同世代間の親密な関係の構築」や「社会的市民的義務を引き受けること」「肉体的な力と健康の衰えに適応すること」などが挙げられている。こうした学習課題の達成を支援することが，この時期を対象とした社会教育の課題となるわけである。現在開設されている事業をみてみると，コンピュータ操作技術や外国語の習得，高齢者の介護や育児の問題，生活に直結する経済問題など社会変化に適応するためのものが多い反面，高齢者を対象とした社会教育には，趣味的活動，各種スポーツ・レクリエーション活動，文化的・教養的活動などのように，概して自己実現に向けたものが多く見受けられる。このような現状をふまえて，上述の「要求課題」と「必要課題」との調和が今後の大きな課題である。

3　社会教育のしくみ

(1)　社会教育の施設

　前述したように，わが国における社会教育は，図書館と博物館を中心に展開されてきた。今日ではこのほかに公民館，女性教育施設，各種スポーツ施設，生涯学習センター，独立行政法人国立青少年教育振興機構が運営する施設など，様々な社会教育施設が設置されている。伝統的な社会教育の施設である図書館，博物館などはその利用目的が比較的限定されているが，公民館は私たちの日常生活圏における生涯学習・社会教育の拠点施設として数多く設置されているものである。以下，代表的な社会教育施設について概説しよう。

① 公 民 館

　戦後に誕生した公民館は「市町村その他一定区域内の住民のために，実際生活に即する教育，学術及び文化に関する各種の事業を行い，もって住民の教養の向上，健康の増進，情操の純化を図り，生活文化の振興，社会福祉の増進に寄与すること」(社教法第20条)を目的とした社会教育施設である。国立・都道府県立のものはなく，市町村（法人も含む）だけに設置が認められている施設

である（同法第21条）。公民館では，定期講座を開設するほか，講習会，講演，体育，レクリエーション等に関する集会を開催することなどが期待されている（同法第22条）。なお，その公共性・公益性にかんがみて，営利を目的として事業を行うことには制限があり，かつ，政治的中立と宗教的な中立を守らなければならないことになっている（同法第23条）。また，「自治公民館」とよばれる集会施設も数多く存在するが，これらは住民の自治組織である自治会のための施設であり，公立の公民館とは性格が異なって，「公民館類似施設」としての位置づけである。

② 図 書 館

　図書館とは，「図書，記録その他必要な資料を収集し，整理し，保存して，一般公衆の利用に供し，その教養，調査研究，レクリエーション等に資することを目的とする施設」（図書館法第2条）である。私たちの周りには多くの図書館が設置されているが，それらは学校に付属する図書館や図書室をのぞいて，「地方公共団体が設置する公立図書館」と，民法第34条に規定する「公益法人（学術，技芸，慈善，祭祀，宗教その他の公益に関する社団又は財団）が設置する私立図書館」に分類される。また，地域住民を対象としての図書の利用サービス，閲覧サービス，貸出しサービス，レファレンスサービスなどを手がける職として図書館に置かれる司書に求められる資質も高まっている。

③ 博 物 館

　博物館とは，「歴史，芸術，民俗，産業，自然科学等に関する資料を収集し，保管（育成を含む。）し，展示して教育的配慮の下に一般公衆の利用に供し，その教養，調査研究，レクリエーション等に資するために必要な事業を行い，あわせてこれらの資料に関する調査研究をすることを目的とする」（博物館法第2条）機関である。博物館と名前をつけるためには定められた基準を満たしたうえで登録される必要がある。なお，地方公共団体の設置するものを「公立博物館」，法人等が設置するものを「私立博物館」とよぶ。

収集資料の内容も図書に限らず考古学，民俗学，美術文化，動植物など幅広い分野にわたる。また，実物，標本，文献などの資料の収集・保管・展示，一般利用者に向けた説明，助言，指導，博物館資料に関する専門的，技術的な調査研究といったように実に様々な活動が規定されている（同法第3条）。
　このように博物館は館内資料の保管や公衆に対するサービスを重視していることから，社会教育施設としては公共の図書館とほぼ同じ趣旨であるといえるが，収集資料の性格の違いや調査研究に重要な機能が置かれているため，より専門性が高いといえる。また，資格をもった学芸員を置くこととされている。

④　青少年教育施設
　青少年のための社会教育施設は，青少年に対して豊かな自然環境のなかで宿泊や野外活動等を通して豊かな経験を積む機会を提供し，青少年が心身ともに健全な発達を図ることを目的とするものであり，国立青少年自然の家や国立青少年交流の家をその代表的施設として挙げることができる。2006年度からは青少年教育を対象とした独立行政法人である国立オリンピック記念青少年総合センター，国立青年の家，国立少年自然の家の3法人が統合され，「独立行政法人国立青少年教育振興機構」として新たに発足した。同機構は青少年をめぐる諸課題へ対応するため，青少年に対し教育的な観点からより総合的・体系的な一貫性のある体験活動等の機会を提供することを目的としている。東京のオリンピック記念青少年総合センターをはじめ，全国の景勝地に設置されている国立青少年自然の家や国立青少年交流の家においては団体宿泊訓練を通して青少年教育の振興が図られている。同機構は，青少年教育に関する研修支援のほか，調査研究，青少年団体・施設等の連絡・協力，青少年団体への助成を行っている。

（2）社会教育の指導者
　社会教育指導者としての社会教育委員は，都道府県・市町村教育委員会に配置される諮問機関であって，社会教育に関する計画を立て，必要に応じて会議

を開き,研究調査を行うことなどの業務にあたっている。任命については,学校教育及び社会教育の関係者並びに学識経験のある者のなかから教育委員会が委嘱する。そして上記の業務をとおして,社会教育に関し教育長を経て教育委員会に助言を提供する。なお,定数や任期など詳細については,都道府県や市町村の条例で定められている。

このほか,社会教育指導者として挙げられる職のうち公的な資格が必要なのは,社会教育主事,司書,学芸員の三者である。司書,学芸員はそれぞれ図書館,博物館に勤務する専門職員であって,その資格の取得にあたっては省令で定める単位の修得が必要である。

社会教育主事は教育委員会に置かれ,「社会教育を行う者に専門的技術的な助言と指導を与える。ただし命令及び監督をしてはならない。」(社教法第9条の3)と規定されている正規の職員である。かれらは「行政事務(連絡会議,報告,後援や文化振興,文化財の保存・管理事務,学校との連携,広報事務など)」「指導助言事務(各種講座の講師の斡旋,社会教育担当職員への助言,地域の生涯学習指導者の発掘と活用,各種調査研究,年間事業計画の調整など)」「現地指導(講師や助言者として各種会合への参加など)」の役割を担い,活動も行政全般にわたっている。

4 協力する学校と社会の新しい姿

(1) 放課後子どもプラン

「放課後子どもプラン」は2006(平成18)年に文部科学省と厚生労働両省の2大臣の合意により発表された。縦割り行政という批判の多かった両省の合意に基づく初めての協同プランであり,それまでの文科省の「放課後子ども教室推進事業」と,厚労省の留守家庭児童を対象とする「放課後児童健全育成事業(放課後児童クラブ)」が連携して実施されるものである。このプラン創設を受け,文科省は2007年度から,放課後や週末等における子どもの体験活動等の受け入れの場を全小学校区に拡充した総合的な放課後対策を推進している。そし

て2008（平成20）年2月の中央教育審議会答申「新しい時代を切り拓く生涯学習の振興方策について」において「放課後子どもプラン」のさらなる推進や，社会教育の学習の成果を活用した学校支援活動の必要性が提言された。具体的な事業として，放課後や週末等において多様な年齢層にある子どもの安全で健やかな居場所・遊び場を確保するとともに，補習や課題学習，スポーツ・文化活動，地域住民との交流活動等の取り組みが実施されている。このほか，2007年1月の教育再生会議第一次報告のなかで，「ゆとり教育を見直し，学力を向上する――『塾に頼らなくても学力がつく』，教育格差を絶対生じさせない――」ことが宣言されたことを受けて，教育委員会や学校がボランティアの協力を得て補習等を行う「土曜スクール」が開設された。もともと土曜日は学校休業日であるために教員は参加せず，地域住民や学生等が講師となった学習会の開催をうながすものである。現在ではそうした学習会のほかにも，スポーツクラブと連携したレクリエーションプログラムや調理実習，各種検定講座など，学校のカリキュラムにはとらわれない実践が各地でみられる。

(2) 社会教育の課題

　以上みてきたように，私たちの周りでも地域社会の人材や施設を利用した特色ある試みが活発に展開されている。それぞれの取り組みをみると，学校をはじめ，様々な関係教育機関・団体との連携や協力がより強く求められていることがわかる。このような実態をかえりみれば，社会教育が抱える課題の性格は，将来的な展望に立つ国家的政策課題というよりもむしろ地域事情に応じた現実的な課題としてとらえたほうが理解しやすい。最後にその他の課題をいくつか整理しておこう。

　まず，青少年教育に関する社会教育は，学校教育と異なった観点から豊かな生活体験学習の機会を提供するとともに，地域活動への参加を促すことが大切な目標となっている。さらに，成人期以降に目を向けると，女性の地位向上と男女共同参画社会の実現の手助けとなる体系的なプログラムの工夫と実施，そして個人のライフサイクルの変化やニーズの多様化に対応したこまやかな支援

が必要となっていることなどが挙げられる。

　また，市町村合併の進行や地方分権を求める声の強まりを背景に，社会教育の分野においても社会教育行政の総合化・柔軟化が打ち出されている。社会教育の推進はこれまで文部科学省，教育委員会の役割とされてきたわけだが，例えば人づくりやまちづくりの分野であれば教育委員会にとどまらず首長部局との連携が必要となる。そして現状をみると，社会教育に関する行政を一般行政へ移行することも一部実施されている。

　こうした今日的動向の顕著な施策として，最後に指定管理者制度の普及を指摘しておきたい。指定管理者制度とは2003（平成15）年9月から施行された改正地方自治法に盛り込まれたもので，公の施設の管理に関してそれまでの管理委託制度（公共的団体に管理をまかせるしくみ）にかわって，議会の議決を経て指定される「指定管理者」に管理を委任する制度のことをいう。例えば，市民会館や町民会館，福祉会館，芸術ホール，体育館，地域の集会所，公民館，図書館，保育園，公園，自転車駐車場などの公的施設の運営を，民間事業者を含んだ「指定管理者」にまかせるというしくみを採用し，サービスの向上など民間の事業運営のノウハウを効果的に活用しようとするものである。なお，多くは3年の期限を設定しての委託であって，その都度，募集と契約が行われている。このように，民間ができるところは任せるほうがいいのか，行政が責任をもって運営するほうがいいのか，私たちも地域住民のひとりとして主体的に考え，私たち自身が地域づくりの主人公であることを自覚しておこう。

学習課題

(1) 地域住民の一人として対処することが必要な課題にはどのようなものがあるか。考えてみよう。

(2) これからの生涯学習をすすめるにあたってのスローガンを考えてみよう。

(3) あなた自身は将来をどのように設計し，今後どのような学習を計画するだろう。自分の人生という【時間軸】と地域社会や職場，都道府県，国という【空間軸】とをクロスさせながら思い描いてみよう。

参考文献

有薗格（2007）『開かれた教育経営——学社連携・融合教育論』教育開発研究所。
藤岡英雄（2008）『学習関心と行動——成人の学習に関する実証的研究』学文社。
岡本徹・佐々木司編（2008）『新しい時代の教育の経営と制度』ミネルヴァ書房。

（髙妻紳二郎）

第12章

新しい教育課題

　教育の課題とされているものは実に多い。学力低下，活字離れ，理科離れ，授業崩壊，児童虐待，学習障害，若年無業者，不登校，指導力不足教員，給食費未納，モンスター・ペアレントなど，枚挙に暇がない。新聞，雑誌，テレビ，インターネットなどに目を向ければ，数々の課題が毎日のように論じられていることは容易に理解できよう。

　教育は身近で論じやすい分野である。例えば素粒子や天体物理学であれば，それを専門に学んだ人でなければなかなか話せるものではないが，教育は違う。ほとんどの人が家庭，学校，地域などで教育を受けた経験がある。その経験にもとづいて教育を語ることは難しいことではない。

　各自の経験や意見はたしかに重要である。だがそのままではあくまで個人的なレベルにとどまってしまい，深まらない。「私はこうだった」「私はこう思う」といってそれで終わりになる。ではどうすればよいだろう。教育や教育課題は，それ自体，社会や時代の影響を多分に受けている。自然科学のように明白な真理があるというよりも，極論すれば相対的で移ろいやすい存在，それが教育である。したがって個人の経験や意見も（たとえそれが偉大な教育思想家のものであっても，あるいはあなた自身のものでも）社会的文脈のなかで理解する作業が必要になる。その作業なしには教育の原理的なテーマにアプローチすることはできない。

　ここで取り上げる「新しい教育課題」も社会や時代の変化を映し出している。いずれも「学校」の教育課題を選んだが，読者のみなさんには学校以外の社会を意識しながら，また自分自身の「日常」を見つめながら読んでほしい。

1　選択と学校

　私たちは普段様々な「選択」を行っている。例えば今日一日を振り返っただけでも，洋服や靴，食事，飲み物などを「選ぶ」という行為を行ったのではな

いだろうか。意識していないかもしれないが，選ぶことなしに私たちの生活は成り立たない。では，「これまでの人生のなかで一番真剣に選んだものは何ですか？」，こう尋ねられたらあなたはどう答えるだろう。現在在籍している「学校」，あるいはそれを含めた「進路」かもしれない。既婚者に同じ質問をすれば「結婚相手」，家を建てたばかりの人なら「マイホーム」という答えが返ってくるだろうか。いずれにしても，私たちは日々の何げない選択に加えて，「人生における選択」とでもいうべき重要な選択を行う存在でもある。

　こうした選択はいつの時代も同じように行われてきたわけではない。むしろかつては「選択の自由」などほとんどなかった。例えば江戸時代の封建体制下では，職業選択の自由や居住・移転の自由は認められていなかった。簡単にいえば，武士の子は武士に農民の子は農民になったわけである。しかし近代国家は機会の平等を求めてこの制約を取り除き，人々に夢や情熱を与えた。身分や生まれによって職業や人生が決定づけられることは差別であるとして否定され，一人ひとりに「チャンス」が与えられるようになった。

　私たちは選択できるものに囲まれて生活しているが，同時に，「選択する力」を求められてもいる。携帯電話を例にとれば，会社，契約内容，機種などを選ばなければ利用できない。まだ携帯電話などなかった時代には電話といえば固定式の黒電話と決まっていたが，時代は変わった。様々な選択肢のなかから自分が好きなもの，自分にあったものを選ぶ時代，いや選ばなければならない時代になったのである。

　本書の読者のなかには，医療・福祉系の学校で学んでいる人もいるだろう。もちろん医療の世界でも「選択」は拡がっている。例えば「セカンド・オピニオン」がそうである。セカンド・オピニオンとは主治医ではない医師から得た「第二の意見」のことである。セカンド・オピニオンが主治医の意見と異なることもある。どちらを選ぶかは，基本的には患者の側が決めなければならない。患者は基本的な権利として自らの生命や身体に関する情報を複数の医師から得て，十分に納得・承知したうえで治療方法や担当の医師を選ぶ。癌の場合，昔は本人に告知せず，家族にだけ知らせて治療していくことが行われていた。し

かし今では、「インフォームド・コンセント」はもちろんのこと、別の医師の意見を聞きながら複数の治療方法を知り、そのなかから自ら主体的に選ぶ「インフォームド・チョイス」さえ行われるようになっている。

「選択」は学校教育の分野でも拡がりをみせている。そのひとつに「学校選択」がある。ここでいう学校選択とは、公立の小・中学校の選択のことをいう。高等学校や大学、専門学校や幼稚園は、もともと選択して入る学校である。小・中学校のなかでも私立や国立は選択して入る。結局、公立の小学校と中学校だけが指定されて入る学校、つまり選択できない学校である。だがそれも、このところ変わってきている。

文部科学省の調査によれば、2006（平成18）年度、小学校について学校選択制（入学時）を実施した自治体は全国で240（当該市区町村内に2校以上を置く自治体の14.2%）、同じく中学校について実施した団体は185（同13.9%）にのぼる（文部科学省「小・中学校における学校選択制等の実施状況について」）。小・中学校とも、実施自治体の割合は前回2004年度調査時よりも若干大きくなっている。

学校選択にはいくつかの方式がある。当該市町村内のすべての学校のうち希望する学校に就学を認めるもの（自由選択）、当該市町村内をブロックに分けそのブロック内の希望する学校に就学を認めるもの（ブロック選択）、従来の通学区域は残したままで隣接する区域内の希望する学校について就学を認めるもの（隣接区域選択）、従来の通学区域は残したままで特定の学校についてのみ当該市町村内のどこからでも就学を認めるもの（特認校）、従来の通学区域は残したまま特定の地域に居住する者についてのみ学校選択を認めるもの（特定地域選択）などである。もっとも、いずれの方式であっても就学上の優先順位は通学区域内に住む者に与えられるのが普通で、そのために通学区域外からの受け入れ者数に上限を設けたり、教室などの施設に余裕がない学校は対象外にするなどの措置が講じられている。

学校選択には、賛成意見もあれば反対意見もある。選択制によって学校が活性化する、通学区域外に住む者もその学校の個性や特色を享受できる、主体性

を発揮できるといったことが主な賛成理由である。逆に，学校と地域との関係が希薄化する，人気校と不人気校に分かれてしまう，登下校の交通手段や安全性の確保に問題があるといったことが反対理由である。

かつて人の行動範囲，生活範囲は限られていた。あるムラに生まれ，そこで学び，そこで生活し，そこで一生を終えるというように，一種の定住型の暮らしをしていた。しかし，今や多くの人は移動性（モビリティ）の高い生活をしている。子どもの頃生活した場所を離れ進学・就職する人は多い。住んでいるところから離れた場所に職場がある人，車で遠くまで買い物に行く人もめずらしくない。そのようななかで，住んでいる場所と学ぶ場所とを同一圏内とするのが学校指定制である。学校選択制と学校指定制。あなたはどちらを支持するだろうか。考えるための材料をいくつか提供してみよう。

一般にはあまり認識されていないが，実は居住地を選ぶ際，学校選択も同時に行われている。不動産会社の新聞チラシを見ると，一戸建て住宅やマンションの広告には「信頼の○○校区」といった宣伝文句がついている。どこに住むかを選ぶ時に，子どもの学校も選んでいるのである。公立の指定された小・中学校に通っている人のなかにも，このようにして「事実上の学校選択」を行っている人がかなり含まれている。そこで次のような問題を指摘できる。自分の家・マンションを購入できる人たちだけ，あるいは私立や国立の小・中学校を選ぶことのできる人たちだけが学校選択という行為を行い，それ以外の人は指定された学校に通うということがはたして公平なことなのかと。

また選択というと「自分が選ぶ」ことをイメージしがちだが，相手から「選ばれる」ことだってある。自動販売機の前で飲み物を選ぶ時は，選ぶのは自分で飲み物はただ選ばれるだけの存在でしかない。しかし今あなたが在籍している学校は，あなたもそこを選んだかもしれないが，学校側もあなたを合格者として選んだはずだ。結婚相手にしてもマイホームにしても，あなたは選ぶ側（主体）でもあり，それでいて選ばれる側（客体）にもなる。結婚を断られることも，住宅ローンの審査にパスしないこともある。それと同じで，学校選択制のもとでは，選んだ公立中学校から入学を認められないこともあり得ないこ

とではない。よく「学校選択の自由化」という表現が使われるが，実はまったく自由であったり，一方的に選択したりするということはない。

選択に際してはつい「選択肢」の方に目が向きがちになるが，重要な選択であればあるほど，人は自分自身を見つめざるを得ない。あなたは一体何をしたいのか。あなたとはどういう人間で何を求めているのか。それを明確にすることを避けていたのでは意味ある選択などできない。選択は決断であり，自分自身を求めることでもある。小学生や中学生にはたしてそれは可能か，結局は保護者が選ぶことになるのではないか，では私立や国立を選択している小・中学生はどうなのか，選択可能な学校のなかからやはり地元の公立小・中学校を選ぶという学校選択だってあるのではないか。こういった点について考えてみるのもよいだろう。

2 "ボーダーレス化"する学校

やや唐突だが，みなさんの財布や鞄のなかには「ポイントカード」や「プリペイドカード」「クレジットカード」などは入っていないだろうか。ポイントが貯まったり少しでも安く商品を購入できたりするのはありがたいのだが，カードで財布がかさばってしまうのは嫌だし，多くのカードを持ち歩いた上に必要なものを取り出さなければならないのは煩わしい。一枚のカードで済めば……と思うことがある。

最近，一部ではあるが，電子化されているポイントの移行が可能になってきた。あるカードで貯まったポイントを別のカードに移すわけである。これはカードや企業という枠を越えた「移動」である。先ほどふれた携帯電話は，機種を変えても番号を維持できるようになっているが，それは「移動」を意識してのことだといえる。さらに機能面をみれば，携帯電話は電話という「枠」をはるかに越えてしまっている。電話とはいえ，メイルの送受信，インターネットへの接続，カメラ，時計，スケジュール管理，音楽プレーヤー，電子マネーなど，豊富な機能を備え，「携帯端末」化している。

これまで存在した「枠」が越えられようとしているのは，学校にも当てはまる現象である。先ほど述べた学校選択も，通学区域という「枠」を越えるものと理解することができる。他にも「枠」を越えている例はたくさんある。
　例えば，すでに多くの大学が大学間の単位互換を行っている。学生は提携している他大学の授業を受け，一定の制限はあるものの，そこで得た単位を自分の大学の卒業単位にすることができる。複数の大学が連携して，土曜日などに特定テーマの授業を協力開講し，受講可能にしている場合もある。学校というのは一人が1つだけ在籍する場所。特定の学校に在籍したらそこの授業しか履修できない。これが伝統的な学校のスタイルだったわけだが，大きく変わってきている。
　大学のなかには専門学校と連携し，学生がそこで授業を履修することに配慮しているところもある。昼間大学で学んだ大学生が放課後は連携関係にある専門学校に通い，通常よりも安価な授業料で授業を受けられるようにするといった具合である。ある大学は，専門学校を経営する学校法人と提携し，キャンパス内に大学生を対象とした公務員，公認会計士，税理士などの試験対策講座を開設している。「場所」は大学が，「講座」は専門学校が提供するのである。
　大学に在籍しながら異校種の学校で学ぶことは「ダブルスクール」といわれ，1980年代頃から見られた現象である。就職を考えて資格取得をめざす一部の大学生が専門学校等に在籍し，簿記，外国語，医療事務など自分の希望就職分野について学ぶわけである。しかしこれでは学費は二重にかかり，移動時間の面でも負担を強いられる。全入時代ともいわれる状況を迎えつつある大学にとっては，専門学校と連携すれば資格取得を求める学生ニーズに応えることができる。一方の専門学校側も大学との連携を行うことで「学生」を確保でき，イメージアップにもつながるので，双方にとってメリットがある。「入学は専門学校，卒業は大学」を唱っている専門学校もめずらしくない。大学もしくは専門学校等から他の大学に編入学を希望する人たちのための「予備校」まで今や存在する。つまり，ダブルスクールに加え，「トランスファー」という学校間移動を見据えた学校選びとそのための制度が現象化しているのである。

幼小，小中，中高，高大など，他にも様々な異校種間連携が進行中である。このうち，「小中の連携」を取り上げてみよう。小学校と中学校はもちろん別々の学校であるが，具体的にはどこがどう違うだろう。中学校は教科担任制で，「算数」は「数学」になり，部活動や定期試験がある。しかしそれだけではない。小学校と中学校には，授業の方法やスピード，先輩・後輩関係，昼休みの過ごし方など多くの点で違いがある。すでに中学生の時期を終えた大人からすれば小と中の違いなど取るに足らないことかもしれないが，当事者にとっては小さなことではない。

小学校と中学校との間にある段差，中学校に入学したての1年生が感じる小学校との様々な違いは「中1ギャップ」と呼ばれることがある。階段の段差を昇り降りするのが難しい人のためにスロープが設置されているように，小学校と中学校とが連携してそのギャップを小さくし，スムーズに移行できるようにするための取り組みがすでにいくつも行われている。例えば，中学校の先生が小学校に行って授業をする，小学校高学年に教科担任制を導入する，6－3という学年区分を内部的に4－3－2に変更して指導する，小学校と中学校が体育祭を合同で開催するといったことなどである。

また，徐々にではあるが各地で公立の「小中一貫校」が設置され始めている。同じ敷地内にひとつの校舎，そのなかで小学生と中学生が9年間という一貫した指導体制のもとで学ぶ。一貫校といえば「私立」のイメージがあるかもしれないが，公立でそれが行われ始めていることに注目したい。なかには「小中一貫教育校〇〇学園」といった「愛称」を付けているところもある。一見私立学校かと思ってしまうが，さにあらず。公立である。

同一敷地内で校舎を共有していたとしても，学校制度上はあくまで小学校と中学校である。中学校と高等学校とを合わせた年限に相当する「中等教育学校」は存在するが，小学校と中学校とを合わせたような独立した学校種はない。ないのだが，少なくとも外見的には両校の融合に近いものが「小中一貫校」としてできているわけである。小学校は小学校，中学校は中学校という「境界」は曖昧になってきている。

次に目を中学校の部活動に向けてみよう。少数ではあるが，中学校のなかには他校との「合同部活動」を行うところが出ている。生徒数が減少し，野球などのチームを単独で編成できなくなったことにより，近隣他校とチームを編成し練習も一緒に行うのである。授業を終えると生徒は部活動をするために別の学校へと向かう。

　一般に小規模校では野球やサッカーなど団体競技の部を維持しにくい。試合の時にだけ別の部に所属している生徒を"助っ人部員"にするという方法もありはするが，はたしてそれが適切かどうか，疑問は残る。選手はあくまで同じ学校の生徒でなければならないのなら，それも致し方ない。しかしそれに縛られなくてよければ合同部活動のような方法もあり得る。現に小学校のスポーツ少年団では，複数校の児童でチームを作ることは比較的よくあることである。

　実は，今の中学生には学校の部活動には一切入らず，クラブチームに入ってサッカーをするといった者もかなりいる。これらの部活動問題は，「所属」や「在籍」とは何なのかを考えるきっかけになる。学校に所属し学校で勉強し，学校でスポーツなどの部活動をする。その学校は家の近くのいわゆる「地元の学校」。こうした伝統的な学校の「枠」や「境界」は揺らぎ，学校という場所はいわばボーダーレス化しつつある。ここでは詳しく述べないが，他にも，県外出身者が多くを占める高校の野球部が県の代表として全国大会に出場すること，通信教育やネットストリーミングなどを利用して海外の大学の授業を取って卒業すること，日本人でありながら日本の小・中学校には行かずインターナショナル・スクールで学ぶこと，あるいは少し範囲を広げて国体の総合優勝のために県外から選手を招き入れることなどについて考えてみるとよいだろう。

3　電子黒板と学校のデジタル化

　先生がいて生徒がいて，教科書があって黒板で授業をする。学校はあまり変わり映えのしない場所だ。漠然とそう考えていた時期が筆者にはあった。だが，そうでもない。むしろ学校は今，大きく変わろうとしている。

学校を大きく変える可能性のあるものとして注目されるのが「電子黒板」である。電子黒板とは薄型の大画面であり，まさに電子的な「黒板」だ。しかし単なるスクリーンではない。あらかじめ準備しておいた写真・動画・文字などをタッチパネル感覚で映し出す，その場で文字を書き込む，書き込んだ文字を瞬時に活字に変えるといったことができる。機種にもよるが，各班で書いてもらったイラストを電子黒板に向けて電子的に飛ばして一覧表示すること，大画面のテレビとしてテレビ番組を観ること，スクリーンにタッチしながら英単語ゲームなどを行うこと，電子黒板の画面を紙に印刷すること，電子黒板にその他のデジタル機器を接続することも可能である。初めて電子黒板にふれる人はきっと感動するだろう。

電子黒板の登場によって授業も，そして授業の準備もかなり変わっていく。教師は写真や動画といったデジタルコンテンツを選んだ上で，自分がスクリーンに何を書くのかを考える必要がある。電子黒板の効果的な使用方法を学ぶことも，当然教員養成段階から必要になるだろう。電子黒板はカラフルで動きのある「玉手箱」のようなものだが，だからこそ余計に授業における使い方や教師のオリジナリティが問われることになる。

これまでにもテレビ，テープレコーダー，OHP，OHC，ビデオ，パソコン，CD-ROMなど数々の機器・メディアが学校に入ってきたが，これらはいずれも個別的な存在で，たまに使われる程度のものでしかなかった。教室前方に配置されている黒板が教具の「主役」であり続けた。しかし電子黒板は一種のデジタル複合機であり，携帯電話のようにそれだけで様々なことができる上に他の機器との接続も可能である。そして何よりも，電子黒板自体が「黒板」である。自由に手で書き込め，子どもたちに見てもらうことができる。最初は各校に1台程度が設置されるだけだろうが，やがて台数も増え，「主役」の座に着くかもしれない。

技術的には，電子黒板で提示された内容をデジタル保存すること，授業を受けている児童の様子を録画してそれを電子黒板の内容とリンクさせること，そしてそれらを学校のホームページ上などに配信することは可能である。将来的

には児童や保護者が自宅からホームページにアクセスし，その日の電子黒板の内容を見ながら復習したり確認することが普通に行われるようになる可能性がある。

　ハードディスクなどの記録媒体が著しく発達し，また安価になったことで，これまでアナログ的に存在していたものの多くはすでにデジタル化している。手書きの文字はスキャナで読み取られ，写真はデジタルカメラで撮影され，音楽はネットでダウンロードされ，本は電子書籍として携帯端末で読まれている。辞書も電子辞書化した。車にはカーナビやETCはもちろん，交通事故の前後を自動的にハードディスクに記録するカメラさえ搭載されつつある。もちろんこうしたデジタル化信号による記録・保存の動きは学校においても無縁ではないが，それは電子黒板だけの話にとどまらない。

　一部の大学では，「デジタル・ポートフォリオ」といって学生が在学中の様々なデータ（成績や部活動，ボランティア活動などの記録）をデジタル化してサーバーに置き，一元管理しているところがある。それを学生本人のキャリア形成に活かすねらいもある。授業の出席も学生がカードを機械にかざすことで電子的に記録され，そのデータが事務部や担当教員に送られるシステムを導入している大学もある。また学生証に電子マネーをドッキングさせ，学内完全キャッシュレス化をはかっているところもある。

　小・中学校でもすでにかなりのところが，不審者情報などの緊急連絡をメールによって一斉送信している。子どもが登校したことを電子的に検知してメールで保護者に知らせるシステムも導入されている。校門に赤外線センサーが設置され，インターホンを通さないで通過しようとする者がいれば監視カメラに撮影・記録されて瞬時にブザーがなるしくみもある。アメリカには，ネット上のサイバースペースで生徒の在学・成績管理を行うビジネスも存在する。個人情報をそのような場所に置いて大丈夫かとも思うが，しっかりと管理されたネット上の方が学校内のパソコンやサーバーよりもむしろ安全で学校や教員にとってのリスクは小さいという意見もある。もしかしたら日本でもそのうち同じような保管形態がとられるかもしれない。

生まれた時からデジタル機器が存在していた世代が社会の大多数を占める時代は，すぐそこまで来ている。かつて大人たちは，子どもにとって悪影響ではないかと「テレビゲーム」を心配し，「テレビ」を心配し，「マンガ」を心配した。今ではノスタルジックに語られる「映画」や路上の「紙芝居」でさえ，教育上好ましくないものとみなされていた時代があった。学校のデジタル化は誰も抗うことができないだろうが，子どもや保護者，教職員の心まで電子化された信号のように扱われることがないように願いたいし，こうした心配が後世においては一笑に付されるアナログ世代の杞憂であってほしい。

学習課題

(1) 小学校や中学校のなかには，図書館や高齢者施設などとともに「複合施設」として建てられているものがある。学校を何か他の施設と併設，あるいは一体化するとしたら，何と一緒にするのがよいだろうか。またそれはどのような効果をもたらすだろうか。考えてみよう。
(2) およそ30年後には，本章で取り上げた「新しい教育課題」はどのようになっているだろうか。テーマを絞った上で未来予想をしてみよう。
(3) およそ30年前の教育課題は何であったかを，例えば当時の新聞記事から調べてみよう。そしてそれが今日の課題とどのように異なっているか，あるいは同じかについて比較検討してみよう。

参考文献

大桃敏行他編（2007）『教育改革の国際比較』ミネルヴァ書房。
品川区立小中一貫校日野学園・亀井浩明（2007）『小中一貫の学校づくり』教育出版。
中川一史・中橋雄（2009）『電子黒板が創る学びの未来——新学習指導要領　習得・活用・探究型学習に役立つ事例50』ぎょうせい。

（佐々木　司）

エピローグ

早い段階で全体像を把握する

　今，このページを読んでいる人のなかには，15回程度の授業がひと通り終わってから読んでいるという人もいるだろうし，本書を手にしたその日のうちに（つまり授業がまだ始まる前，あるいは始まったばかりの段階で）読んでいる人もいるだろう。本の読み方に唯一絶対のものはない。基本的には自由である。自由ではあるが効果的な読み方というものもある。目次や「はしがき」を見た後で，本の全体をざっと眺めるのはよい方法である。

　なぜ全体を先に眺めるのが効果的なのか。それは何が語られ，何が伝えられようとしているのかをあらかじめ知ることで，理解が容易になるからである。小説なら結果を先に知るとおもしろくなくなるということもあるが，学問のための読書はストーリーを楽しむとか犯人を探すこととは違うので，早い段階で全体像を把握しておく方が，深い考察，さらなる問いにも結びつきやすい。気持ちの上でも安心できる。

　本書の「プロローグ」では「備える」ことの重要性を述べた。本を手にしてまず全体を眺めることは，シラバスを読んで授業全体を予測しようとすることと基本的には同じ作業なのである。本格的な読書に向かうための「備え」といってもよい。その意味で，この「エピローグ」を早い段階で読んでいるあなた。あなたが行っていることは正しい。学問において本は前から順に読まなければならないということはない。

　さて，「プロローグ」ではノートを取るように求めた。それもただ漫然と取るのではなく，授業内容や自分自身の考えを「区分」できるようにノートを取るべきだと書いた。一連の授業が終わった段階でここを読んでいる人は，手もとにノートがあるはずである。その日のうちに見直す作業をしてきたであろうか。「区分」はしっかりとなされているだろうか。たとえ自分が書いたノート

でも，見直し作業をその日のうちにしなければ，ノートから伝わってくるビビッドな感情はすぐに低下し，それにともなってノートの「財産価値」も小さくなる。残念ながら，「失敗した」と後悔している人もいるかもしれない。

経験から学ぶ

　失敗してもよい。人は失敗する存在でもある。しかし，なぜ失敗したかを考え，次につなげなければいけない。本書の第1章や第3章で述べられていたように，J.デューイは経験を重視した教育を主張し実践を試みた。失敗も経験のひとつである。経験から学ぶということは，子どもたちにも意味あることだが，大学等に籍を置く学生にも，あるいは私たち大学の教員にとっても，そして，おそらくは世の中の人すべてにとって有益なことである。

　自分との接点がないこと，接点に乏しいと思われる内容をただ闇雲に学ぼうとしたところで楽しいはずはないし，学びは生きてこない。経験から学ぶということは，自分との接点をもち，そこから学ぼうとすることである。学校の先生が行う「発問」は思考を揺さぶるために行われる児童・生徒に対する問いかけであるが，それは新しく獲得してほしい学習内容を，子どもたちがすでに獲得している知識や経験と結びつけることを促す作業であると言い換えることもできる（第3章参照）。

　みなさんはすでに経験済みだろうが，学校段階が上がれば動機づけを自分自身が主体的に行わなければならない割合は増す。生徒指導も，それがめざすものは「自己指導能力の育成」であった（第5章参照）。教師や親がいつまでもあなたの身近に存在し続け，丁寧に動機づけてくれたり，あれこれ世話を焼いてくれたりすることはない。またそうであってよいはずもない。早くひとり暮らしをしたいとか，親や教師が干渉し過ぎるという思いも，それが独立心，自立心によるものであるなら自然な好ましい感情といえるだろう。しかしそれは，自分で自分を律することのできる存在になろうとする姿勢をともなったものでなければならない。

　本書が用いられた授業において，あなたが行った「備え」，ノートの取り方，

「区分」の仕方，積極性，これらをあなたはどう評価するだろうか。うまくいかなかったとしたら，その理由は何であろうか。うまくいったとしたら，今度はその経験を別の授業や，異なる分野における活動にどのように応用していくだろうか。大学において学生が授業を評価することは一般的であり，今や小・中学校でも同種の授業評価はかなり行われている。しかしそれらは自分自身を虚心坦懐に振り返り，そしてそこから次につなげる作業と不可分のものでなければならないはずである。

意識的に「つなぐ」

　ちょうど脳の神経細胞であるニューロンがシナプス構造を通して互いに結合することでネットワークを形成しているように，新しい経験や知識が既得のものとつながることで，その意味や意義は大きなものになる。本書による授業を単なる一授業，他の授業や大学生活とは無関係の「単体」であるとは決して思わないでほしい。

　本書は教職志望者や教育に関心のある人を主たる読者に設定して書かれているが，なかには「自分は教育にもそれほど興味があるわけではないし，就職も民間企業を考えている。何か授業を取らねばならないのでこの授業をとった」という人もいるだろう。正直でよい。しかし，教育は学校教育に限定されるものでもないし，（本書では直接触れられてはいないが）企業内教育もある。先輩社員から学ぶこともあれば，やがては後輩を教えることもあるはずだ。「特別活動」（第6章）にしても，自分には関係ないと最初から切り捨てることは簡単だが，少し見方・考え方を変えれば，「民間企業にも社員旅行もあれば朝礼もある，新入社員のための入社式もある」と自分との接点を見出すことは可能だ。接点を見つける，自分のことに置き換えて考える。そういう気持ちを忘れないでほしい。

　具体的には次のことをしてみるとよいだろう。白い紙（ノートでもよい）の中央部に「自分」（あなたのこと）と書く。そしてその紙の四隅に，本書の「索引」から4つほど語句を無作為に選んで書く。どの語句を四隅のどこに配

置してもよい。次に「自分」とその語句との間に線を引き，その関係を考え，線上にキーワードを書き込む。例えば「一斉授業」という語句を右上に書いたとして，あなたは「自分」と「一斉授業」との間に「当たり前」という言葉を書き込むかもしれないし，「よくない」と書き込むかもしれない。キーワードの数はいくつでもよい。この作業をいつ行うかによってもキーワードは変化するだろう。授業によって「自分」と語句との関係が変化したことの証であり，望ましいことでもある。

　出来上がりとしては「自分」を中心として四方に語句があり，それぞれの語句との関係がキーワードに現れている図を想像すればよいだろう。そして，各語句同士をつなぐ関係も（もちろん自分から見てという意味においてであるが）考えて書き込んでみるとよい。するとその図は，「自分」が「ハブ（中心）」となっている自転車の車輪のように見えてくるはずである。

　語句は4つとしたが，大きな紙に8つ，またはそれ以上書いて同じことをやってもよい。ハブはひとつだが，「スポーク」（つまり「自分」から伸びている線）はいくつも書くことができ，放射状にひろがっていくはずだ。語句は無作為にではなく，意識的に選んでもよい。各自で工夫してみてほしい。絵が得意な人はイラストを描き込んだり色をつけるなどして，視覚に訴えるものにすると楽しいだろう。とにかく重要なのは必ず中心には「自分」がいること，そして自分との関係が目で見てわかりやすいものになるよう意識して作成することである。

　なお，キーワードを線で結んでその関係を視覚的にとらえる手法には「マインド・マップ」と呼ばれるものがある。また，アイデアや意見をたくさん出し，それを集約する方法としてよく知られたものに「ＫＪ法」がある。興味のある人は調べてみるとよいだろう。

自分を中心に据える

　考えることも，学ぶことも，自分自身が主人公でなければいけない。絶対に自分が中心に位置していないといけない。もちろんそれは，「我が儘」とか

「自己中心的」というのとはまったく別次元の話である。自分自身を中心に据え生活していくことは，学生であろうが社会人であろうが，満足のいく生き方をする上では必須の条件となる。

　本書の「プロローグ」で，高校までで学ぶのは「瀬戸内海」程度の小さな海だが，それは非常に重要な基礎・基本であると述べた。小学校時代を思い出してほしい。小学校では，主体的に生活したり，積極的に関わっていこうということが強調されていたはずである。みなさんもそれを行ってきたと思う。おそらく今の比ではないくらい，授業中に「ハイ，ハイ」と手を挙げて発言していたのではないだろうか。

　今ではそれほど挙手をしなくなったかもしれない。しかし積極的・主体的であることが求められているのは同じである。人生において大事な規則や原則は，15歳ぐらいまでに学んでいる。それを思い出し，それに基づいて行動すればよい。早寝早起きをすること，遅刻や授業中の私語がいけないことは小学校で学んでいる。予習や復習の大切さも小学校や中学校で学んだはずだ。大学という場も同じである。もちろん「プロローグ」で述べたように，違いはいくつもある。しかし，大学で行われる教育という営み，学ぶという行為がまったくもって別物であるということなどないのである。基礎・基本，原理・原則は，教育においても，その他の分野においても，あるいは人生においても，共通する揺るぎのないものなのである。その意味では大学を特別視してはいけない。

　自分を中心に据えないとどうなるか。あなたは自分自身を従属させた生活を送ることになる。そして，あなたの意識，考え方そのものが従属感で一杯になり，自分自身を見失ってしまう。自分とは無関係に授業が進行しているという感情がもしあるとしたら，そうした思いを生じさせている原因を早期に特定し，状況を改善するよう努めるべきである。原因はしばしば複合的であるし，あなた自身に非がないケースもあるだろう。いずれにしても，そのまま放置して同じことを繰り返すことがないようにすべきである。そのために知恵を貸してくれる人や機関は，あなたの周りに必ず存在する。従属は，学生であろうがなかろうが陥りやすい罠のようなものであり，一時的にはそれで楽ができるという

こともあるのだが，長期的には自己否定につながりかねない危険なものである。十分な注意が必要である。

相手の立場に立つ

　自分を中心に据えることが大事だと述べたが，そのことは試験やレポートなど，授業における評価でもあてはまる。試験問題に解答する，レポートを作成するとは，結局，自分自身を発信していく作業である。もちろん自分自身を発信するといっても，その授業を受けようが受けまいがお構いなしに，自分の好き勝手なことを発信したのでは意味はないし，そのようなことが求められているわけでもない。ではどうすればよいか。

　まず授業で教員が伝えたこと，伝えようとしたことが何であるのかを踏まえる必要がある。試験というと知識を問うとか，暗記ということがすぐ連想されるかもしれないが，そんなことはない。出題者の立場に立って考えてみよう。あなたが教師なら，どのような問題を出題するだろう。その意図はどこにあるだろう。

　教えていないことを出題するということは当然のことながらあってはならないわけだが，では教えたことなら何でも出題してよいかといえばそうではない。これは学んでおいてほしい，知っておいてほしい，理解しておいて然るべきだという問題は何かを考えながら出題される。しかし，真剣に授業に取り組んだ者もそうでない者も同じような評価になる出題もまた適切ではない。したがって問題の難易についても当然考慮される。もちろん解答者の側に立って解答時間と問題の難易，問題の量の関係が適切かどうかも検討される。

　解答をみる場合も同様である。ただ単に書いてありさえすればよいというのではない。授業のポイントを押さえていることを，解答において十分にアピールしておいてほしい。出題者はそう考える。それが伝わらない解答，乱雑な解答では評価はよくないだろう。

　重要なことは，相手の立場に立って解答するということである。論述式試験にしてもレポートにしても，論旨が明快で論拠，根拠がしっかりと示してある

ものは評価が高くなる。逆に，テキストの一部がそのまま写されているだけとか，何を伝えたいのか一読しても理解しにくいとか，文字が乱れているものは評価を下げる。結局，相手の立場に立って出題を予測し，相手の立場に立って解答したりレポートを作成することが大切なのである。

　相手の立場に立つことは，試験やレポート対策以外でも重要である。例えばみなさんが就職して製品開発をする場合，消費者の立場が重視される。社内のプレゼンテーションも聞き手の立場を意識して，何が既知のことか，何を欲しているか，どのくらいの分量で伝えればよいかを考えなければならない。教師が授業をする場合も，児童・生徒の立場に立って考えなければならない。介護福祉士，スポーツインストラクター，営業，事務。いずれの職業生活を営もうと同じである。いや職業生活だけではない。一般の市民生活においてもそうである。その上で自分の主張をしっかりと行うことが日常的に求められている。

「ひとコマ」のために

　映画でもテレビドラマでも旅行でも，そのすべてを鮮明に記憶し続けるということはそうあることではない。本書の内容も，そして本書にもとづいて展開された授業も，時間が経過すればどうしてもその記憶は薄らいでいく。それは仕方のないことだし，無理に覚えておく必要もない。その分，新たな授業，新たな経験をしているわけでもある。

　しかし，自分にとって大切なことは，意識的にしばしば思い出すとよい。思い出せば，記憶は定着する。よく「覚えておきなさい」というが，むしろ「明日の朝までに3回思い出しなさい」といった指示をする方が効果的である。

　本書は，大学等において初めて「教育を学ぶ」人たちを対象に作成されたものである。11名の執筆者はそれぞれの思いを込めて担当箇所を書き上げている。本書の一部，本書による授業のほんの「ひとコマ」でよい。10年後も20年後も心に留まっているものがあれば嬉しく思う。

　たった一枚の古い写真がその時の思い出を蘇らせ，そこに写っている場面はもちろん，その前後の記憶をも呼び覚ましてくれるように，「ひとコマ」の力

は大きい。本書もみなさんにとって、そんな「ひとコマ」になることができればと願っている。

(佐々木　司)

索　引
（＊は人名）

ア　行

アカデメイア　*129*
足利学校　*132*
「生き方指導」　*18, 63*
「生きる力」　*16, 54, 59, 85*
いじめ　*71, 77*
一斉学習　*43-44*
「いつでも」　*11-12*
移動性（モビリティ）　*158*
『エミール』　*35*
＊エリクソン, E.H.　*28-29*
＊大村はま　*90*
おかみさん学校（dame school）　*131*
オフィスアワー　*5*
親（保護者）の願い　*52, 53*
恩物（おんぶつ）　*37*

カ　行

「外国語活動」　*51, 55*
改善指導　*68, 72*
ガイダンス　*84, 85*
開発教授　*36*
開発的指導　*70*
開放制の原則　*95*
カウンセリング・マインド　*70, 71*
「学事奨励ニ関スル被仰出書」　*133, 134*
学習指導　*91*
学習指導案　*39-43*
学習指導要領　*51, 53-57*
学生組合（ウニフェルシタス）　*129*
「学制序文」　*133, 134*
下構型学校系統　*129-130, 138*
学級活動（ホームルーム活動）　*46-47, 77-78, 86*
学級経営　*92, 93*
学校運営協議会制度　*53, 109, 110*

学校関係者評価　*108*
学校行事　*69, 80-83*
学校選択　*157, 158, 159*
学校選択の自由化　*159*
『学校と社会』　*39*
学校における危機管理　*110-111*
「学校の危機管理マニュアル」　*111*
学校の裁量権限　*108, 109*
学校の自主性・自律性の確立　*108-110*
学校評価　*106-108*
『学校評価ガイドライン』　*108*
学校評議員制度　*109-110*
家庭・地域社会との連携　*74*
「課程認定」　*95*
咸宜園（かんぎえん）　*133*
観察法　*69*
キー・コンピテンシー　*55*
危機対処能力　*69*
危険予知トレーニング　*47*
儀式的行事　*80*
規範意識　*67, 69, 71*
器物損壊　*72*
ギムナジウム　*130*
キャリア教育　*65-66*
教育愛　*72, 90, 96, 100*
教育委員会　*115-118*
教育委員会事務局　*116, 119-120*
教育基本法　*9, 11, 13, 31, 50, 102, 123, 145*
教育公務員　*93*
教育職員免許法　*95*
教育長　*119*
「教育的教授」　*38*
教育内容の現代化　*54*
「教育は人にあり」　*73*
教育目標　*49-50, 102*
教育を受ける権利　*13, 50*
教員免許更新制　*97, 98*

175

教科書　40, 56-57
教科書検定　56
共感的理解　69, 70
教材研究　40-42, 90
教師の資質　72, 89-91
教師の質　97, 98
教師の人間力　72-73
「教職実践演習」　97, 98
「教職調整額」　94
矯正的指導　70
教頭　96, 104, 105
勤労生産・奉仕的行事　82-83
クラブ活動　83
グラマー・スクール　130
グループ学習　43, 44-45
経営資源　102
携帯端末　160
系統性　138
啓発的経験　19
健康安全・体育的行事　81-82
健康安全指導　68, 69
検査法　69
郷学（ごうがく）　132
公共の精神　67, 69, 71
校則　67
校長　104
校長のリーダーシップ　74
高等師範学校　94
公民館　136, 148-149
校務　103
校務分掌組織　103
コース・オブ・スタディ　53
個人的適応指導　68
個性　77, 84
五段階教授法　38
個別学習　45-46
コミュニティ・スクール　110
＊コメニウス, J.A.　35

「自己競争力」　17, 18
自己研修　97
自己実現能力　16-18, 20, 54
「自己指導能力」　66, 67, 168
自己の実現　14-15
自己評価　108
「事実上の学校選択」　158
実践的指導力　90, 98
指定管理者制度　153
児童・生徒の実態　52, 102
指導教諭　73, 105, 106
児童中心主義　38-39
師範教育否定論　95
使命感　72
社会教育三法　145
社会教育主事　151
就業体験（インターンシップ）　65, 74
自由選択　157
集団宿泊学習　20
十年経験者研修制度　96
主幹教諭　105
主任・主事　105
生涯学習（教育）の提唱　9-10
生涯学習権　13
生涯学習体系　10
生涯学習の概念規定　15-16
生涯学習のキー（鍵）概念　11-14
松下村塾　133
消極教育　35
上構型学校系統　130-131, 138
小中一貫校　161
＊ショーン, D.　91
食育　55
職員会議　103-104
職業観・勤労観　19, 63, 65, 83
職場体験活動　20
職業的発達論　64
職専免研修　97
職務研修　97
初任者研修　96
シラバス　4

サ　行

浚（さら）い　132

索　引

審議会　*123*
新構想大学・大学院　*96*
尋常師範学校　*94*
診断的理解　*69*
進路指導主事　*73*
＊スーパー, D.E.　*64*
スコレー　*128-129*
スリー・アールズ(3R's)　*130*
「生活」　*50*
青少年教育　*146-147*
生徒会活動　*78-79*
生徒指導主事　*73*
生徒指導部　*72, 103*
生徒理解　*69-70, 97*
生理的早産　*23, 30*
『世界図絵』　*35*
セカンド・オピニオン　*156*
「選考」　*93*
選抜と社会化　*135-136*
総合的な学習の時間　*14, 50, 103*

　　　　タ　行

大学での教員養成　*95*
大学寮　*131*
体験学習　*18-20*
第三者評価　*108*
確かな学力　*55*
脱学校論　*139, 140*
「タテの（時系列的）統合」　*11*
ダブルスクール　*160*
「だれでも」　*13*
段階性　*138*
段階的指導　*68*
単線型学校体系　*139*
地域運営学校　*110*
地域に開かれた学校　*20, 74*
地域の期待　*52-53, 102*
知識基盤社会　*55*
地方分権　*116, 124, 153*
中1ギャップ　*161*
中央教育審議会　*10, 16, 54, 97, 123, 124*

直観教授　*35*
治療的指導　*70*
＊ツィラー, T.　*38*
定型的な教育　*14*
「適材適所」主義　*64*
デジタル・ポートフォリオ　*164*
手習い　*132*
＊デューイ, J.　*38-39*
寺入り　*137*
寺子屋　*132*
電子黒板　*162-164*
同業者組合（ギルド）　*129*
道徳性指導　*68, 69*
特色ある学校づくり　*54, 108*
特定地域選択　*157*
特認校　*157*
「どこでも」　*12-13*
図書館　*149*
「トランスファー」　*160*
ドルトンプラン　*45*

　　　　ナ　行

「鍋蓋型」　*106*
「なんでも」　*13-14*
ニート（Not in Education, Employment or Training）　*62, 63*
日曜学校（Sunday school）　*131*
日本国憲法第26条　*13*
『人間の教育』　*37*

　　　　ハ　行

＊パーカースト, H.　*45*
＊パーソンズ, F.　*64*
＊ハヴィガースト, R.J.　*11, 12, 28*
博物館　*149-150*
＊波多野完治　*9, 10*
発達課題　*11, 12, 28-29, 63, 147*
発問　*42*
「早寝早起き朝ごはん運動」　*32*
「反省的実践家（reflective practitioner）」　*91*
PISA　*55*

177

PDS *20*
PDCA *106*
開かれた学校づくり *109-110*
「ピラミッド型」 *106*
副校長 *104-105*
複線型学校体系 *138*
不審者の侵入防止 *111-112*
不登校 *71, 155*
＊フレーベル, F.W.A. *28, 36-37*
プログラム学習 *45, 46*
プロジェクト・アドベンチャー *46-47*
ブロック選択 *157*
文化的行事 *80-81*
分岐型学校体系 *139*
＊ペスタロッチ, J.H. *36*
＊ベル, A. *44*
＊ヘルバルト, J.F. *37-38*
暴力行為 *71*
ホームスクール *140*
補助教材 *56-57*
ボランティア活動 *11, 20, 79, 82, 145*
＊ポルトマン, A. *22*

マ 行

＊マーランド, S.P.Jr. *65*
＊マズロー, A.H. *14*
マネジメント・サイクル *20, 59, 106, 107*
マネジメントマインド *74*
民間人校長 *109*

『民主主義と教育』 *39*
面接法 *69*
モニトリアル・システム *44*
モンスター・ペアレント *113*
問題解決的指導 *70*
文部科学省 *121-123*

ヤ 行

ゆとりの時間 *54*
余暇指導 *68, 69*
「ヨコの（水平的）統合」 *12*
欲求階層説 *14*
予防的指導 *71*
四段階教授法 *38*

ラ 行

＊ラ・サール *130*
＊ライン, W. *38*
ラテン語文法学校 *130*
＊ランカスター, J. *44*
＊ラングラン, P. *9, 10*
リカレント教育 *11, 12*
理不尽な要求・抗議への対応 *112-113*
リュケイオン *129*
旅行・集団宿泊の行事 *82*
臨界期 *29*
隣接区域選択 *157*
＊ルソー, J.J. *27, 28, 35-36*
＊ロジャーズ, C.R. *70*

執筆者紹介 （執筆順，執筆担当）

佐々木　司（ささき・つかさ，編著者，山口大学教育学部）　プロローグ，第10章，
　　　　　　　　　　　　　　　　　　　　　　　　　　　　　第12章，エピローグ

田代　直人（たしろ・なおと，編著者，山口学芸大学教育学部）　第1章，第5章

中嶋　一恵（なかしま・かずえ，三原看護専門学校〔非常勤〕）　第2章

卜部　匡司（うらべ・まさし，広島市立大学国際学部）　第3章

住岡　敏弘（すみおか・としひろ，大分大学教育学部）　第4章

上寺　康司（かみでら・こうじ，福岡工業大学社会環境学部）　第5章

髙瀬　淳（たかせ・あつし，岡山大学大学院教育学研究科）　第6章

三山　緑（みやま・みどり，広島経済大学経済学部）　第7章

滝沢　潤（たきざわ・じゅん，広島大学大学院教育学研究科）　第8章

吉田　香奈（よしだ・かな，広島大学教育本部）　第9章

髙妻紳二郎（こうづま・しんじろう，福岡大学人文学部）　第11章

新しい教育の原理
――現代教育学への招待――

2010年 3 月10日	初版第 1 刷発行	〈検印省略〉
2018年 1 月20日	初版第10刷発行	

定価はカバーに
表示しています

編著者	田 代 直 人
	佐 々 木 司
発行者	杉 田 啓 三
印刷者	中 村 勝 弘

発 行 所　株式会社　ミネルヴァ書房

607-8494 京都市山科区日ノ岡堤谷町1
電話(075)-581-5191／振替01020-0-8076

Ⓒ 田代・佐々木ほか, 2010　　中村印刷・清水製本

ISBN978-4-623-05686-6
Printed in Japan

教職をめざす人のための 教育用語・法規
――――――――― 広岡義之編　四六判　312頁　本体2000円

● 194の人名と，最新の教育時事用語もふくめた合計863の項目をコンパクトにわかりやすく解説。教員採用試験に頻出の法令など，役立つ資料も掲載した。

新しい時代の 教育制度と経営
――――――――― 岡本　徹・佐々木司編著　A5判　240頁　本体2400円

● 新しい教育法制度のなかでの教育を見すえる視点を示す。教育の制度・経営にかかわる改革の動向と今日的な課題をわかりやすく解説する。

教職論［第2版］――教員を志すすべてのひとへ
――――――――― 教職問題研究会編　A5判240頁　本体2400円

●「教職の意義等に関する科目」の教科書。教職と教職をめぐる組織・制度・環境を体系立ててわかりやすく解説した，教職志望者および現場教員にも必読の一冊。

教育の歴史と思想
――――――――― 石村華代・軽部勝一郎編著　A5判240頁　本体2500円

● 西洋／日本の代表的な教育思想家，実践家の思想を，その時代背景（社会，教育制度の変遷）とともに紹介する。各都道府県の教員採用試験「教育史分野」で頻出する人物を網羅，採用試験対策時の参考図書としても有用。

――――――― ミネルヴァ書房 ―――――――
http://www.minervashobo.co.jp/